성경 66권 해설서

· 권별 · 장별 · 절별 ·

G. 콜만 럭 지음
윤두혁 옮김

청교도 신앙사

THE BIBLE BOOK BY BOOK

An Introduction to Bible Synthesis

by **G. Coleman Luck**

Translated by **Yoon Doo Hyuk**

Published ©, 2007, by

The Puritan Faith Ministries

Seoul, Korea

성경 66권 해설서

역자의 말

『개혁주의 신앙백서 소요리문답 강해』 번역서를 펴낸 후 이어서 성경의 권별·장별·절별·풀이를 내어 놓으므로 성도 여러분의 성경연구에 도움이 되시기를 바란다. 신학적인 입장이 다소 다른 면이 있기는 하나 99%는 개혁주의의 입장과 같다고 볼 수 있어서 안심하고 출판을 의뢰하는 바이다.

이 책은, 성경의 내용을 깊이 알고 싶어 하는 이, 알기는 알아도 제대로 알지 못하는 이, 알면서 더 깊이 알고 싶어 하는 이를 위해 번역한 책이다.

사실 이 작업은 80을 넘은 역자로서는 쉽지 않은 일이지만, 주께서 힘주시는 한, 능히 해낼 수 있으리라고 믿고 손을 댔다.

이 책이 우리 교계에 적은 도움이 되기 바라면서, 한 마디 적는다.

2007년 7월

윤 두 혁

서 문

1. 종합(Synthesis)이라는 말의 정의

(1) 종합(또는 "조직적인 방법" 〈the Synthetic method〉)이라는 말은, "함께 뜯어 맞춘다"(a Putting together) 또는 "함께 놓는다"(a Placing together)는 것을 뜻하는 두 개의 그리스어 단어에서 온 말이다. 이 말은 "분해"(a taking apart)하는 것을 의미 하는 "분석"(a analysis)과 반대 되는 말이다.

(2) 목적

종합에서는, 우리가 성경의 각 책을 하나의 단독적인 책으로서 접근해서, 그 음신(音信, message)을 전체적인 것으로 이해하려고 모색한다. 이 방법에서는 세부적인 모든 것을 검토하는 것이 우리들의 목적이 아니라, 그 책의 광범위한 내용을 파악해서, 일반적인 적용, 곧 조감도를 제공하려는 것이다. 이와는 반대로 분해적인 방법은, 본문의 세밀한 검토, 곧 "분석"(a taking apart)을 포함한다.

(3) 과정

성경의 각 책이, 개별적으로 고려되어야 한다. 최초로 도입되는 생각들은, 책의 저자(필자)가 누구이며, 본래의 수신자(만일 알 수 있다면)가 누구이며, 그 책이 기록된 이유가 무엇이며, 그 과제가 무엇인지 등등이 다뤄질 것이다. 그리고나서 책의 주된 분해들이, 간단한 기술(記述)의 형태로, 그리고 이 주요한 분해들을 설명한 내용들에 대한 해석이, 시도될 것이다. 그런 연구와의 관계에서 적어도 각 책의 내용을, 세 번은 읽어야 되는데, 한 번은 주제를 파악하기 위해, 두 번째는 그 주제가 어떻게 발전하는가를 보기 위해, 그리고 세 번째는 그 주요 부분들을 약술하기 위해서이다.

2. 개관적으로 본 성경

(1) 저자들

인간 편에서 볼 때 그것은, 약 36명 내지 40명의, 각자 다른 삶의 여러 가지 직업을 가진, 모세(Moses)로부터 사도 요한(the apostle John)까지의 1,500년에 걸쳐 기록됐다. 그러나 참 저자(the true Author)는 하나님의 성령(the Holy Spirit of God)이시었다(벧후 1:21; 딤후 3:16; 히 1:1,2). 모든 인간 저자들(필자들)은, 그들 자신의 말들이 아니라, 하나님의 말씀(the Word of God)을 기록(대필)했다고 주장하고 있다(출 34:27; 렘 35:1,2). 여러 차례 "여호와께서 이렇게 말씀하시기를"(thus saith the Lord), 또는 그 비슷한 말이 사용되고 있다.

(2) 수신자들

믿는 자들(believers)과(요일 5:13), 믿지 않는 자들(unbelievers), 양쪽에 다 기록됐다(요 20:31).

(3) 기록 연대

모세의 때로부터(주전 1440년) 사도 요한의 말년(주후 90년)까지의 1500년 이상의 기간 동안에 기록됐다(요 1:1; 계 22:5).

(4) 성경의 기록 목적

사람들에게, 하나님을 계시하며, 그분의 목적들을 계시하기 위해 기록됐다. 최고의 목적은, 하나님의 영광(the glory of God)이다(역상 16:27-29).

(5) 성경의 주제(主題, Theme)

그리스도 자신(눅 24:27; 고후 3:18; 4:6; 약 1:22-25와 비교해 보라).

3. 구약성경의 위치

(1) 기록된 이유

"저희에게 당한 이런 일이 거울이 되고, 또한 말세를 만난 우리의 경계로 기록하였느니라"(고전 10:11) ―역사; "경계로"― 문자 그대로; "거울"―모형(模型, typology); "… 우리의 경계로 …"―경계(exhortation); "… 말세를 만난 우리에게"―세대주의적 가르침(dispensational teaching).

(2) 구별된 특징―율법(요 1:17)

(3) 분해들

① 히브리어 성경에서는, 율법(Law), 예언서들(Prophets) 및 기타 기록들

② 주제들에 따른 분해

㉠ 율법(Law)(창세기 - 신명기)

㉡ 역사서들(Historical books)(여호수아 - 에스더)

㉢ 시가서들(Poetical books)(욥기 - 아가)

㉣ 예언서들(Prophetical books)(이사야 - 말라기)

(4) 세대들(dispensations)에 따른 분해

① 무죄 세대(Innocence)(창 1:27-3:6)

② 양심 세대(Conscience)(창 3:7-8:19)

③ 인간 정부 세대(Human government)(창 8:20-11:9)

④ 약속 세대(Promise)(창 11:10-출 19:4)

⑤ 율법 세대(Law)(출 19:5-끝까지)

차례

구약성경 내용들

신약성경 내용들

구약성경의 내용들

舊約聖經

5 경 五經, Pentateuch

5경이라는 말은, 곧 창세기에서 신명기까지의 "다섯 권"을 의미하는 70인역(Septuagint)에서 사용된 그리스어(the Greek word)에서 왔다.

1. 저자

(1) 비록 5경 하나하나에 모세(Moses)의 서명은 없을지라도, 몇 가지 중요한 점이, 확실히 그가 기록한 것을 증명한다(출 24:4; 신 31:9, 24–26).

(2) 구약성경의 후기 책들은, 종종 모세를 5경의 저자로 언급하고 있다. 유대 사람들(the Jews)은 이 다섯 권 모두를, "율법"(the Law)이라고 말한 것을 기억하라(모세가 저작했다는 것에 관해서는, 수 1:7,8; 왕상 2:3; 대하 34:14; 느 8:1,14; 13:1).

(3) 신약성경도 마찬가지로, 5경을 모세가 기록했다고 한다(눅 24:27, 44; 요 1:45; 5:45–47; 행 28:23). 이런 성경구절들에 반대해서 성경에 대한 파괴적인 비평가들의 주장들이 있는데, 그들은 말하기를 5경은 모세가 기록한 것이 아니라, 모세 이후 오랜 시일에 걸쳐, 여러 종류의 사람들에 의해 기록된 것이라고 하지만, 이런 말들은 하나도 중요하지 않다.

창세기

서 론

1. 저자

모세에 의해 기록됐다(5경에 관한 서론을 참고하라).

2. 수신자들

특별히 기록되지는 않았지만, 원래는 이스라엘 백성(the People of Israel)에게 제공된 것.

3. 기록 연대

주전 1440년경으로 추정됨. 취급된 사건들; 약 2400년간에 되어진 일들(사람의 창조〈the creation of man〉로부터 요셉〈Joseph〉이 죽기까지). 1장에서 11장까지는 약 2000년간에 되어진 일들이고, 12장에서 50장까지는 약 400년간에 되어진 일들이다.

4. 본서의 기록 목적

(1) 만물의 시작에 관한 기록을 공급하기 위한 것으로서 - 우주(1:1); 사람(1:26,27); 안식(安息, the sabbath)(2:2,3); 결혼(2:21-24); 죄(3:1-7); 희생(3:21; 4:1-7); 나라들(10:32); 정부들(9:6) 등이다.

(2) 특히 하나님의 특별한 백성으로서의, 이스라엘 민족의 시작을 보여주기 위한 것인데, 그들로부터 구속주(救贖主, Redeemer)가 오실 예정이었다.

5. 주제

창세기라는 책명은, "기원"(起源, origin)을 뜻하는 그리스어로서, 이 책은 기원들 또는 시작들의 책이다. 여기서 우리는, 능치 못하심 없으시고(all-Powerful), 전지하신(all-wise)바 전능하신 한 분 하나님(the one Almighty God)의 계시를 발견하며, 세계와 사람과, 죄와 구원과 기원에 대한 그분과의 관계를 알게 된다. 말하자면 창세기는, 구속의 역사의 첫 장(章)을 제공하며, 성경의 나머지 부분의 기초를 놓은 것이라고 볼 수 있다. 그것은 "하나님께서는 사람과 관계하시고, 사람은 하나님과 관계 한다"(God has to do with man; man has to do with God)(지 캠벨 몰간〈G. Campbell Morgan〉)는 것을 우리에게 가르쳐 준다.

6. 본서의 요절(12:1-3)

열쇠가 되는 단어: "세대"(generations)라는 말이 19번이나 나오면서, "여인의 후손"(the woman' s seed)(창 3:15)의 선택된 계보가 지속됨.

창세기의 개론(槪論)

제1장의 창세 기록 후, 본서는 주로 6명의 전기들을 중심으로 해서 돌아간다. 비록 겹치는 부분들이 있기는 하지만, 이 사람들의 생애가 본서를 구분하는 편리한 방도가 된다.

1. 창조 · 1장

1:1 - 원 창조(元創造).

1:2 - 혼돈 상태에 있던 지구.

1:3 ~ 31 - 엿새 동안에, 지구가 현 상태로 됨.

2. 아담 Adam · 2장 ~ 5장

2장 - 아담과 이브(Eve)가 창조되어 에덴동산(Garden of Eden)에 있게 됐고, 선과 악의 지식의 나무(the tree of the knowledge of good and evil)에 관한 명령이 주어졌다.

3장 - 유혹과 타락.

4장 - 가인(Cain)이 아벨(Abel)을 죽이다; 무신적 가인(the godless Cain)의 후손들; 셋(Seth)이 태어나다.

5장 - 아담, 셋을 거쳐 노아(Noah)까지.

3. 노아 Noah · 6장 ~ 11장

6장 ~ 8장 - 홍수.

9장 - 노아와 그의 아들들과의 언약(言約, covenant).

10장 - 나라들(the nations)의 시작.

11장 - 사람들이 분산됐다; 언어들의 시작; 셈(Shem)의 가족으로부터 아브라함(Abraham)까지.

4. 아브라함 Abraham · 12장 ~ 23장

12장 - 아브라함을 불러내심.

13장 - 아브라함이 롯(Lot)과 갈라짐.

14장 - 아브라함이 롯에게 양보하고, 멜기세덱(Melchizedek)에게 복을 받음.

15장 - 하나님께서 아브라함과 맺으신 언약을 경신하시고 확대하심.

16장 - 이스마엘(Ishmael)의 탄생과 과오.

17장 - 언약이 확인되고, "언약의 증표"(a token of the covenant)로서 할례(割禮, circumcision) 제도가 수립됨.

18장 - 아브라함이 소돔(Sodom)을 위해 탄원함.

19장 - 소돔은 파괴됐지만, 롯은 건짐 받음.

20장 - 아브라함의 신앙이, 그랄(Gerar)(애굽〈Egypt〉에서 처럼)에서 흔들림(12:10-20).

21장 - 이삭(Isaac)의 탄생.

22장 - 이삭의 봉헌(그리스도의 모형〈模型〉).

23장 - 사라(Sarah)의 죽음.

5. 이삭 Isaac · 24장 ~ 27장

24장 - 이삭을 위한 신부가 마련됨(그리스도와 교회와의 관계의 예표〈豫表〉).

25장 - 아브라함의 말년과, 이삭의 두 아들, 에서(Esau)와 야곱(Jacob)

의 탄생.

26장 - 이삭에게 언약이 확인됨.

27장 - 이삭이 에서와 야곱을 위해 복을 빔.

6. 야곱 Jacob · 28장 ~ 36장

28장 - 하나님께서 벧엘(Bethel)에서 야곱에게 말씀하심으로써, 언약을 새롭게 하심.

29장 - 야곱이 레아(Leah)와 라헬(Rachel)과 결혼하고, 그 대가로 두 사람을 위해 7년씩 더 일함. 레아가 네 아들을 낳음.

30장 - 그의 두 아내와 두 첩에게서, 일곱 아들과 딸들이 야곱에게 태어남.

31장 - 하나님께서 야곱에게 집으로 돌아가라고 명령하심에 따라, 라반(Laban)에게서 도망함.

32장 - 하나님께서 야곱과 씨름하시고, 야곱의 이름이 이스라엘(Israel)로 바뀜.

33장 - 야곱과 에서가 화해함.

34장 - 야곱의 딸이 유인되고, 그녀를 구출하기 위해, 야곱의 두 아들이 살인자들이 됨.

35장 - 야곱이 벧엘(Bethel)로 돌아와, 거기서 하나님과 대화했으며; 라헬이 베냐민(Benjamin)을 낳고 죽다; 이삭(Isaac)이 죽다.

36장 - 에서의 족속은, 에돔 사람들(Edomites)이 되다.

7. 요셉 Joseph · 37장 ~ 50장

37장 - 그의 악한 형제들에 의해, 노예로 팔림.

38장 - 유다(Judah)의 부도덕적 행위; 그의 아들들.

39장 - 요셉은 보디발(Potiphar's)의 종이 됐고, 보디발의 아내의 거짓된 고발 때문에, 감옥에 갇히게 됨.

40장 - 요셉은 바로(Pharaoh)의 술 따르는 자와 떡 굽는 자에 관한 꿈들을, 해몽하다.

41장 - 요셉이 바로의 꿈을 풀이하고, 높은 지위에 승진되다.

42장 - 요셉의 형제들이 곡식을 구입했지만, 그를 알아보지 못했다; 요셉이 시몬(Simon)을 붙잡았으나, 다른 사람들은 집으로 돌아가도록 허용함.

43장 - 그들은 베냐민(Benjamin)을 데리고, 두 번째 곡식을 사려고 돌아옴.

44장 - 요셉이 베냐민을 포로로 잡겠다고 위협하자, 유다(Judah)가 그를 위해 애원함.

45장 - 요셉이 자기 자신을 형제들에게 나타내고, 아버지 야곱(Jacob)을 모셔오라고 그들을 보냄.

46장 - 야곱과 가족이 애굽(Egypt)으로 이주함.

47장 - 이스라엘 사람들(the Israelites)이, 애굽에서 번성함.

48장 - 야곱이 요셉의 두 아들 에브라임(Ephraim)과 므낫세(Manasseh)를 축복함.

49장 - 야곱이 그의 열두 아들들에 대해 예언적인 축복(Prophetic blessing)을 함.

50장 - 야곱의 매장 및 요셉의 죽음.

출애굽기

서 론

1. 저자

모세(Moses). (5경에 대한 설명을 보라; 또한 출 17:14; 24:3-7; 34:27,28 도 보라). 필자는 틀림없이, 기록된 사건들의 목격자이다.

2. 수신자들

본래 이스라엘에게 제공한 것이지만, 우리를 훈계하기 위해(for our admonition), 이스라엘에 의해 보존되도록 함.

3. 기록 연대

광야 방황(wilderness wanderings) 동안에 기록됨; 주전 1440년-1400년; 야곱의 가족이 애굽으로 내려 간 때로부터 시내 산(Mount Sinai) 율법을 주실 때(the giving of the law)까지의, 약 215년 동안에 걸쳐 기록됨. 주목하라: 아브라함(Abraham)과의 언약으로부터(창 12:1-3) 애굽으로 이주해 내려가 살던 기간인 215년 동안; 그 때로부터 출애굽(Exodus)까지의 추가적인 215년(갈 3:17). 찰스 마아스톤 경(Sir Charles Marston)은, "구약성경에 대한 새로운 지식"이라는 책에서, 토트메스 3세(Thotmes III)를 유대민족을 박해하던 바로(Pharaoh)(1501-1447)로, 아멘호테프 2세(Amenhotep 2)를 출애굽 당시의 바로라고, 그들의 신분들을 밝혔다(1447-1423). 출애굽은 주전 약 1440년경에 일어났다.

4. 본서의 기록 목적

하나님께서 아브라함에게 임하셔서 하신 약속이 어떻게 성취되는 지를 보여주시고(창 15:12-16). 애굽의 종노릇 하던 이스라엘 자손들을, 약속하심을 따라 인도하시고 승리하실 것과, 시내 산 율법과, 구원의 역사와, 그 주권적 능력을 증언함.

5. 주제

유대 사람들이 사용한 책의 제목은, "…애굽에 이른 이스라엘 아들들의 이름은 이러하니"(출 1:1)로 되어 있다. 그러나 70인 역에서는 출애굽기로 되어 있다. 이 그리스어 단어가, 이 사건을 말하는 히브리서 11장 22절에서 사용됐다. 또한 그리스도의 돌아가심을 말하는 누가복음 9장 31절과, 베드로(Peter)의 죽음을 말하는 베드로후서 1장 15절에서도 사용되고 있다. 따라서 본서는, 애굽에서의 이스라엘 자녀들의 구속 생활과, 거룩한 생활 및 예배에 대한 후속적인 교훈에 관해, 말하고 있다. 하나님의 개별적 아들 딸이 죄에 얽매어 있다가, 이 얽매임에서 구속(救贖)을 받고, 거룩한 삶과 예배의 교훈을 받는, 영적인 평행선(a spiritual parallel)이, 여기 있다 할 것이다.

6. 본서의 요절(3:8; 하나님의 목적〈계획〉)

12:23; 29장-31장 (하나님의 계획하심을 이루심)

19:4-6 (그들의 거룩한 백성됨을 증거하심)

열쇠가 되는 단어 - "빼어내다"(도로찾다) - 10회

출애굽기의 개론

가능한 개요: 역사적 부분(1장-18장); 입법적 부분(Legislative Sec tion)(19장 - 40장); 뒤 따르는 부분은, 본서에 기록된 사건들의 보다 긴 요약이다.(장수 40은, 광야 40년간의 방황의 햇수와 같다!)

1. 구속(압제) 상태에 있던 이스라엘(1장)

2. 이스라엘이 구원 받다(2장 ~ 14장)

2장 - 구원자 한 사람이 육성됐으나, 그가 처음 나타났을 때 배척 받다; 모세가 미디안(Midian)으로 가다.

3장 - 모세가 이스라엘의 구원자로 부름 받았으나, 망설이다.
4장 - 모세가 두 가지 반대 이유를 제기했으나, 여호와께서 응답하심; 드디어 그는 애굽으로 돌아가다.
5장 - 바로가 이스라엘이 출애굽 하는 것을 반대하고, 그 대신 그들에게 무거운 짐을 지우다.
6장 - 하나님께서 모세에 대한 약속을 경신하시다; 모세의 가족.
7장 - 표적(表迹)들이 바로에게 주어졌으나, 그는 이스라엘 백성이 출국하는 것을 거부했다. 첫번째 심판 - 물들이 피로 변함.
8장 - 세 개의 심판이 더 그 땅에 내려지다; 두 개의 타협안이 제시되다.
9장 - 세 개의 심판이 더 내려짐.
10장 - 두 개의 부가적인 심판.
11장 - 마지막 심판이 예고되다.
12장 - 최종 심판 - 곧 첫 자식의 죽음이 예고되고; 이스라엘을 위해서는, 구원의 길 - 유월절(逾越節, the Passover)이 마련되다.
13장 - 첫 자식은 주를 위해 성별(聖別)되다; 하나님의 이끄심 아래, 광야 여행이 시작되다.
14장 - 이스라엘은 홍해(the Red Sea)를 건너도록 인도되고, 추격해 오던 애굽 군대는 물에 빠져 죽음.

3. 시내 산(Mt. Sinai)까지의 여행(15장 ~ 18장)

15장 - 모세의 노래; 마라(Marah)에서 쓴 물이 달게 됨.
16장 - 배고픔이 메추라기(guail)와 만나(manna)로 채워짐.
17장 - 반석에서 물이 나오다; 아말렉(Amalek)에 대한 승리.
18장 - 모세의 장인이, 사위에게 충고하다.

4. 시내 산에서 율법이 주어지다(19장 ~ 24장)

19장 - 율법이 제공되자, 백성이 받아드림.
20장 - 십계명(The Ten Commandments), 율법의 3분할을 주목하라; 계

명들은 사람에 대한 하나님과의 관계와, 개인적인 관계에 있어서의, 가장 중요한 어떤 문제에 대한, 하나님의 뜻을 표현한다(출 20장). 심판들 - 사회적인 규칙들(출 21장-23장). 제례들(祭禮, ordinan ces) - 종교적인 의식들(religious ceremonies)(출 24장-31장).

21장 ~ 24장 - 재판들(the judgments); 주인(상전)들과 종들, 죽음으로 처벌하는 범죄들, 생명과 신체에 손상을 입힌 것에 대한 배상; 재산권, 도둑질에 대한 처벌, 및 기타 여러 가지 법들.

5. 성막(the Tabernacle)과 제사장 제도(the Priesthood)(25장 ~ 40장)

25장 ~ 27장 - 성막 건립을 위해 주어진 지시들. 그 제한된 크기를 주목하라(일반 가정의 방보다 겨우 더 클까 말까한); 그 비통상적인(unusual)인 목적(현대 교회 건물에서, 같이 예배드리러 온 사람들끼리 만나는 곳이 아니라; 거기서 백성의 대표되는 사람들이, 하나님과 만날 수 있는 곳); 그 풍부한 비유적 교훈들(typical teaching). 이 장(章)들은, 자료들, 및 기구들과 배치 등에 대해, 세밀한 지시들을 하고 있다.

28장 ~ 29장 - 제사장 제도에 대한 지시들; 제복들(祭服, garments), 봉헌(奉獻, consecration), 제물 등의 봉헌 방법들.

30장 ~ 31장 - 회막에 관한 여타(餘他)의 규칙들.

32장 ~ 34장 - 괄호 안에 넣어 둬야 할 사건, 백성이 금송아지(the golden calf)를 섬김; 모세가 그들을 위해 개입하다.

35장 ~ 40장 - 전에 주어진 설계도에 따라, 성막이 세워지다.

레위기

서 론

1. 저자

모세(Moses). (5경에 대한 주〈註〉들을 보라. 또한 레위기 1장 1절에서 "여호와께서 회막에서 모세를 부르시고 …"를 보라. 이 말들 또는 이 비슷한 말들이, 27개 장(章)들에서 약 36회 사용됐으며, 모세의 이름이 55회 언급됐다. (또한 마 8:4를, 레 14장과 대조해 보며; 롬 10:5를 레 18:5과 대조해 보라).

2. 수신자들

(1) 이스라엘(1:2; 4:1,2; 7-23, 29; 11:2 등).

(2) 특히 아론(Aaron)과 그의 후손들(제사장들, 〈the priests〉)(6:9; 6:25; 16:2; 21:1,17; 22:2를 보라).

3. 기록 연대

유월절은 첫 달 14일에 있었다(출 12:2,3,6). 성막은 1년 후에 세워졌는데 — 곧 제 2년 첫 달 첫 날에 세워졌다(출 40:17). 민수기는 제 2년 첫 날에 시작된다(민 1:1). 그러므로 레위기는, 애굽를 떠난 후 제 2년 첫째 달 동안에 주어졌다. 이것은 주전 약 1439년 이었다.

4. 본서의 기록 목적

(1) 하나님께서, 어떻게 출애굽기 25장 22절을 성취하실 것인가를 보여 주기 위해, 기록됐다.

(2) 하나님께서 그분을 예배하는 자들에게 기대하시는 거룩한 삶에 대해, 이스라엘을 가르치시기 위해 기록됐다(11:45; 19:2).

(3) 레위 제사장 제도(Levitical priesthood)가 그들의 직책들을 올바르게 수행하는 것에 관한 지시를 제공하기 위해 기록됐다(2-(2)를 참고 하라).

(4) 오실 구주와, 그분께서 성취하실 사역(使役)에 관해 예언적인 예증들(예표〈豫表〉, types〉)을 제공하려고 기록됐다(히 10:1).

제명(題名)을 관찰하라: 레위기라는 말은 70인 역에서 온 것인데, "레위 인들의 책"(the Levitical book)이라는 뜻이다. 물론 기자들은 레위 족에게서 나왔지만(히 7:11), 그런 일을 전담한 레위인들은 다만 레위기 25장 32,33절에서만 언급되고 있다. 민수기는 레위 사람들에 대해 더 자세히 다루고 있고, 레위기는 제사장들을 다루고 있다. 히브리어 구약성경에서는, "…그 명수(名數)대로 계수(計數)할지니…"(And he called)라는 말과 비슷한 말로 불리고 있다. 이 책을 여는 말씀들이 이 특수한 책에 관해 중요한 것은, 예배와 거룩함에 대한, 하나님의 부르심이 포함돼 있기 때문이다.

이미 연구한 책들의 관계들을 또한 주시하라:

창세기 - 사람의 창조와 죄악으로의 타락; 구속주(a Redeemer)에 대한 하나님의 약속과 하나님의 이스라엘 선택, 그런데 그 구속주께서는 그 나라를 통해 오실 예정이었다.

출애굽기 - 구속으로부터 이스라엘이 해방됨; 예배처 건립을 끝내다.

레위기 - 예배의 정당한 방법이 자세히 알려짐.

5. 주제

거룩한 백성이 "거룩한 것으로"(in the beauty of holiness)(역상 16:29), 거룩하신 하나님을 예배하다.

6. 본서의 요절(19:2)

열쇠가 되는 단어들(Key Words): "거룩"(holy)(이 단어 외에, "거룩하게 하다"〈sanctify〉, "거룩하게 되다"〈sanctified〉, "성소"〈sanctuary〉, "거룩하게 함"〈hallow〉) - 모두 다 같은 히브이어 어근(語根)에서 나옴 - 이 단어와 연결된 단어가 131회 사용됨; 이 단어의 열쇠가 되는 사상

(Key idea)은 "따로 구별해 놓다"(set apart), "희생제물"(Sacrifice)(봉헌물〈奉獻物, offering〉과 봉납물〈捧納物, oblation〉과 함께)이라는 말은 약 300회; "족속에 속하다"(clean)와 "족속에서 분리되다"(unclean)라는 단어는 약 200회; "속죄"(atonement)라는 말은 36회 사용됨.

레위기의 개론

1. 거룩한 하나님께 접근하는 정당한 방법(1장 ~ 10장)

(1) 희생제를 통해서(1장-7장)

여기에 이스라엘이 드려야 했던 다섯 가지 다른 희생제들(the five different offerings)에 대한, 자세한 진술이 있다. 이 헌물들은 그리스도의 예표(a type of Christ)이다; 그것들은, 그리스도께서 우리를 위해 성취하신 것에 대한 예표적인 묘사를 포함하고 있다.

감미로운 향기의 헌물들이란:

1장 - 번제(燔祭, the Burnt offering).

2장 - 소제(素祭, the Meal offering); 유일의 무혈 헌물. 밀과 기름 또는 밀의 어린 싹을 말린것과 기름.

3장 - 화목제(和睦祭, the Peace offering).

감미롭지 않은 향기의 헌물들이란:

4장 - 속죄제(贖罪祭, the Sin offering).

5장 - 속건제(贖愆祭, the Trespass offering).

6장 ~ 7장 - 봉헌의 법칙들 - 어떻게 제사장들이 각 봉헌 제물을 다룰지에 대한 추가적인 지시들.

(2) 제사장 제도를 통해 하나님께 접근하는 방법(8장-10장)

8장 - 제사장들의 헌신(consecration)(출 28장,29장 등).

9장 - 제사장들의 성역(聖役, ministry)이 시작되다.

10장 - 나답(Nadab)과 아비후(Abihu)가, "다른 불" (strange fire)을 바쳤기 때문에, 죽임을 당했다.

2. 하나님의 백성은 거룩해야 된다(11장 ~ 24장)

11장 - 그들의 응식(應食, food).

12장 - 모성(母性, motherhood)에 대한 의식적인 결례(潔禮, purifica tion).

13장 ~ 14장 - 문둥병에 대한 결례.

13장 - 그 사람이 깨끗한지, 또는 깨끗지 못한지를 판단하며, 문둥병의 처방을 내리는 규칙들.

14장 - 문둥병자를 깨끗하다고 하는 날의 법.

15장 - 사생활 상의 여러 가지 정결 법칙.

16장 - 속죄의 날(The Day of Atonement) - 국민적인 정결을 위한 연중 행사.

17장 - 그들의 예배 장소와, "피를 먹지 말라" (eat no blood)는 그들에 대한 엄숙한 금령(禁令).

18장 ~ 20장 - 백성과 백성 사이의 관계는 거룩해야 한다.

21장 ~ 22장 - 제사장들을 위한 규칙들(제사장들은 거룩해야 하며; 헌물들은 흠이 없어야〈unblemished〉 한다).

23장 - 예배를 드려야 하는 일곱 특별 시기들(매년):

① 유월절(踰月節, Passover) - 첫 달 14일(4월경); 십자가(the cross)에 대해서 말한다.

② 무교절(無蕎節, Unleavened Bread) - 첫째 달 20일에서 25일 사이; 회심 후의 거룩한 삶에 대해 말함.

③ 초실절(初實節, First Fruits) - 보리타작 시초에; 그리스도 부

활의 예표.

④ 요제(搖祭, Wave loaves) - 첫 열매들을 딴 후에 50일 동안. 교회의 시작인 오순절(五旬節, Pentecost)을 예표.

⑤ 나팔절(喇叭節, Trumpets) - 제 일곱 달의 첫날(우리들의 10월 달에 대강 일치); 주님의 오심과 이스라엘의 소집의 상징.

⑥ 속죄일(贖罪日, Day of Atonement) - 제 칠월 제 십일(16장을 보라); 이스라엘의 속죄에 관해 말함(슥 13:1; 롬 11:26).

⑦ 장막절(帳幕節, Tabernacles) - 제 일곱째 달의 제 25일에서 21일 사이; 1000년간의 축복된 기간에 대한 언급; 이스라엘이 분리된 장소에서 보존됨.

24장 - 기름과 진설병(陳設餠, showbread)에 대한 지시; 모독에 대한 처벌.

3. 하나님의 땅(the Land of God)에 대한 율법(25장 ~ 26장)

25장 - 안식년(安息年, the Sabbatic year); 희년(禧年, the year of jubilee); 가난한 사람들을 위한 공급.

26장 - 일반적인 약속들 및 경고들.

4. 하나님께 대한 서약(誓約, Vows to God)(27장)

민수기

서 론

1. 저자

모세. (5경에 관한 서론을 보라. 또한, 민 33:1,2을 참고하라).

2. 수신자들

대체적으로 역사이니 만큼, 수신자들의 이름들이 실려 있지 않다. 어떤 때는 이스라엘이 지명되기도 했다(6:2; 15:2); 또는 대제사장 아론(Aaron)이 지명됐다(8:2).

3. 기록 연대

이 책은 이스라엘의 광야 여행의 대부분에 관한 기록이다 — 약 38년 9개월(민 1:1; 33:38; 36:13; 신 1:3). 분명히 이 기간 말엽에 적어도 완성됐거나 기록됐으니, 때는 주전 1401년경인 것으로 추정된다.

4. 본서의 기록 목적

이스라엘의 불신앙으로 말미암아 닥쳐 온 그들의 40년간 광야 방랑에 대한 실정을 기록하기 위한 것(14:32-34). 또한 두 세대의 인구를 조사(人口調査, census)해서, 그것을 하나의 역사로 만들기 위한 것이다(1:1,2; 26:2). 이런 관계에서 책의 제목을 생각했을 것이다. 그것은 70인 역에서 번역한 제목이다; 이 책이 그렇게 불러진 것은, 이스라엘 민족의 수효를 두 번 계산했기 때문이다. 두 번이란, 시내 산을 떠나기 전과, 가나안(Canaan)에 들어가기 전이다. 히브리어 성경의 제목은, "광야에서" (In the wilderness)(1:1), 히브리어로는 단 한 마디로 되어 있다.

5. 주제

하나님의 백성이 불순종 때문에 하나님께서 내리신 징계 또는 "광야의 경험들" (wilderness experiences)을 겪음. 이 방랑의 해들이, 히브리인들의 기록에서 생략된 것을 주목하라(11:29,30). 필요한 많은 교훈들을 배웠다. 그러나 그들이 처음에 만일 믿음에서 이탈하는 일을 하지 않았더라면, 이 고통스런 경험들을 피할 수 있었을 것이다. 그들이 광야를 통과하는 것은 필요했지만, 40년을 거기서 지낼 필요는 없었다. (명목상 광야의 체험〈a normal wilderness experience〉이 있고, 또한 비정상적인 광야의 체험〈an abnormal wilderness experience〉이 있다는 것을 기억하라).

6. 본서의 요절(14:28 ~ 30)

열쇠가 되는 단어: "광야" - 45회.

민수기의 개론

1. 이스라엘의 수가 시내(Sinai)에서 계수되고, 여행의 준비를 하다(1장 ~ 9장): (20일이 걸리다. 1:1 및 10:11)

1장 - 백성의 계수.

2장 - 행진의 준비로서의 천막의 배치. 동쪽 - 유다(Judah), 잇사갈(Issachar), 스불론(Zebulun)(1-9), 남쪽 - 르우벤(Reuben), 시므온(Simeon), 갓(God)(10-16), 중앙 - 레위(Levites)(17), 서쪽 - 에브라임(Ephraim), 므낫세(Manasseh), 베냐민(Benjamin)(18-24), 북쪽 - 단(Dan), 앗세르(Asher), 납달리(Naphtali)(25-34).

3장 - 레위 족(Levites)이 거룩한 섬김을 위해 뽑히다. 그들의 임무들이 배정되고, 그들의 수가 계수됨.

4장 - 레위 족의 다른 가족들의 임무에 관한 추가적인 지시.

5장 - 거주 천막으로부터 오염(誤染, defilement)을 제거하는 방법.

6장 - 나실 인(the Nazarite).

7장 - 족장들(the princes)의 자발적인 봉헌물들.

8장 - 레위 인들을 정결케 함.

9장 - 첫 유월절을 지키다.

2. 시내 산(Sinai)에서 가데스 바네아(Kadesh - Barnea)까지(10장 ~ 12장). (여행기간 11일, 민 10:11을 신 1:2과 대조해 보라.) "시내"(Sinai)는 산 정상이고, "호렙"(Horeb)은 산맥들(the range of mountains)이다

10장 - 여행이 시작되다.

11장 - 백성이 다베라(Taberah)에서, 애굽의 고기 가마들을 탐욕적으로 그리워 할 때에, 기브롯 핫다아와(Kibroth-hataavah)에서 메추라기의 심판을 내리심으로써, 여호와께서 심판하셨다.

12장 - 미리암(Miriam)과 아론(Aaron)이 모세에게 불평함; 미리암이 문둥병이 걸림.

3. 가데스(Kadesh)에서; 광야에서의 방랑의 해들, 다시 가데스로 돌아오다(13장 ~ 20장). (돌아온 날수들은 40일 이었으나, 방황한 기간은 38년; 민 14:34)

13장 - 약속된 땅을 탐지하기 위해 정탐꾼을 내보냄; 그들이 언짢은 소식을 가지고 돌아옴.

14장 - 백성이 불신앙으로 말미암아, 약속된 땅에 들어가기를 거부함; 하나님께서 그들을 40년동안 광야에서 방황케 하심.

15장 - 그들이 약속된 땅에 들어갔을 때, 지시하신 것들을 지킬 것(하나님의 목적에는 변함이 없다).

16장 - 고라(Korah)와 그의 동조자들의 반역.

17장 - 아론이 하나님의 택하신 제사장인 것을 증명하기 위해, 그의 지팡이에서 싹이 남.

18장 - 아론과 레위 족에 대한 추가적 지시.

19장 - 붉은 암송아지(the red heifer)를 헌정(獻呈)하는 것(날마다의 오염으로부터 정결케 하는 것을 언급함).

20장 - 가데스로 돌아감. 모세가 반석을 두 번 침으로 범죄 함; 아론이

죽음.

4. 가데스에서 요단(Jordan)까지(21장 ~ 36장)(6개월 걸림. 민 33:38을 신 1:3과 대조해 보라)

21장 - 승리; 불뱀들(fiery serpents)에 대한 불평(요 3:15).

22장 ~ 24장 - 발람(Balaam)과 그의 예언들. 모압 왕 발락(Balak king of Moab)이, 이스라엘을 저주하게 하려고, 그를 물질적으로 고용(雇用) 하려고 함. 그 대신 하나님께서 강권적으로 이스라엘을 축복하게 하심. 장엄한 메시아적 예언들(Sublime Messianic prophecies)이 주어지다.

25장 - 이스라엘 남자들이, 모압의 악녀(惡女)들과 음행을 하다가 심판을 받음.

26장 - 새로운 세대가 계수됨.

27장 - 여호수아(Joshua)가 모세의 계승자로 뽑힘.

28장 ~ 29장 - 각종 봉헌물들이 명령됨.

30장 - 서약에 관한 지시.

31장 - 미디안 사람들(the Midianites)에 대한 승리.

32장 - 르우벤, 갓 및 므낫세 반지파 (half of Manasseh)는 요단 동쪽 땅을 택하다.

33장 - 이스라엘 백성의 여행의 요약.

34장 - 땅의 분할에 대한 지시들.

35장 - 피난의 성읍들(the Cities of Refuge).

36장 - 각 족속의 유업의 안전.

신명기

서 론

1. 저자

모세(1:1; 31:9,22,24-27). 신명기에서 그의 이름이 36회 사용됨. 모세가 1인칭으로 1장 16,18절, 3장 21절, 29장 5절에서 말한다. 구약 기자들이, 모세가 신명기 기자라는 것을 여러 차례 말함; 예를 든다면, 역대하 25:4과 신명기 24:16을 비교해 보라. 주 예수 그리스도께서, 모세를 신명기의 저자라고 말씀하셨다(마 19:7-9; 신 24:1-4를 참고하라; 요 5:45-47; 신 18:15를 참고하라).

주님께서는 또한, 이에 관한 유대인들의 진술을 받아드리셨다; 누가복음 20장 28절을 신명기 25장 5,6절과 비교해 보라. 신약성경 기자들은, 신명기가 모세로부터 온 것이라고 인용하고 있다. 이를테면, 로마서 10장 19절과 신명기 32장 21절을 비교해 보라. 신명기로부터의 말들이 신약성경에 90회, 신약 각 책 전체에서는 14회 사용됐다.

그럼에도 불구하고, 고등비평가들(the higher critics)은 이 책을 우선 공격하기를, 이 책은 모세의 시대 이후 400년 내지 500년 후에 기록됐다고 한다.

2. 수신자들

이스라엘, 즉 약속의 땅(the promised land)(1:1-3), 새로운 세대들.

3. 기록 연대

약 두 달간 걸림(신 1:3; 34:5,8; 수 4:19). 그것은 또한 전체 방황의 재검토를 포함한다. 주전 1400년경에 기록됨.

4. 본서의 기록 목적

위대한 지도자 모세가 죽으려 하고 있다. 그 때 옛 세대는 이미 살아져 버렸다(2:14-16). 제외된 자들은 여호수아(Joshua)와 갈렙(Caleb) 뿐이었다. 그래서 모세는, 그들이 여호와와 맺은, 언약에 충실하도록 백성을 훈계하고 권고한다. 그는 또한 그들이 가나안(Canaan)에 들어갈 것과, 정복할 것과, 점유(占有)할 것을 준비하도록 지시함.

5. 주제

(히브리어 구약성경의)표제, "이것들이 말씀들이니라"(These are the words). 70인 역의 "듀테로노미안"(Deuteronomion)은, "듀터 - 즉 두 번째라는 뜻"과 "노모스"(법)이라는 뜻이 합쳐진 말. 그러나 그것은 "제2의 법"(a second law)이 아니라, 차라리 전에 시내 산에서 주어진 율법을, 되풀이 하고 확대한 것이다.

6. 본서의 요절(10:12,13)

열쇠가 되는 단어들; "들으라"(hear) - 약 50회; "행하라"(do); "지키라"(keep) - 총177회; "사랑하라"(love) - 21회;(사람에 대한 하나님의 사랑, 하나님께 대한 사람의 사랑이, "하라"는 것의 기초이다).

특기사항; 사탄(Satan)에 대답하실 때(눅 4:), 주님께서는 이 책에서만 인용하셨다(신 8:3; 6:13; 6:16).

신명기의 개론

이 책에서 우리는, 이스라엘 민족이 요단강을 건너 약속의 땅(the promised land)으로 들어가기 직전, 모세가 내린 마지막 영훈들(靈訓, the final messages)이 기록된 것을 볼 수 있다; 또한 그의 삶과 사역(使役)의 마지막 광경들도 볼 수 있다.

1. 모세의 마지막 논설들(1장 ~ 30장): (네 개의 논설인데, 그것들은 1장, 5장, 27장, 29장에 실려 있다.)

(1) 모세의 첫 번째 논설 : 호렙산(Horeb)으로부터 모압 평야들(the plains of Moab) 까지의 이스라엘의 여행의 회고(1장~4장).

1장 - 호렙에서 가테스(Kadesh) 까지의 여로 회고.

2장 - 가테스에서 바산(Bashan) 까지 - 아모리족(Amorites)에 대한 승리.

3장 - 바산(옥,〈Og〉에 대한 승리)으로부터 벳부아(Bethpeor)까지.

4장 - 백성이 시내의 언약(the covenant of Sinai)을 지키도록 격려되고, 하나님의 충실하심에 대해 일깨움 받다.

(2) 그의 두 번째 논설(5장~26장) : 율법의 복습 및 증폭(增幅).

5장 - 십계명이 재 진술됐건만, 백성은 시내 산의 경험에 머물러 있었음.

6장 - 여호와의 계명들을 지키라는 추가적인 경고.

7장 - 악한 가나안 족속(the Canaanites)으로부터의 완전 분리가 명령됐으며, 그들에 대한 승리가 약속됐다.

8장 ~ 13장 - 여러 가지 경고들과 권고들.

14장 - 음식(diet)의 법들 - 하나님의 백성은, 깨끗한 음식을 먹어야 한다.

15장 - 안식년(the sabbatical year)(출 23장의 반복).

16장 - 세 가지 국가적 명절들(the national feasts)(출 23장).

17장 - 왕에 대한 지시들.

18장 - 모세의 위대한 메시아 예언(Messianic prophecy).

19장 - 도피성들(逃避城, cities of refuges)의 법이 되풀이 선포됨.

20장 - 전쟁에 관한 지시들.

21장 ~ 25장 - 여러 가지 규칙들 - 살해당한 일에 대한 심문; 포로에 대한 결혼 문제, 교정 불능한 자식들에 대한 처리, 등등(21장) - 이혼 법(24장).

26장 - 첫 열매들의 봉헌.

(3) 세 번째 논설: 축복들과 저주들(27장~28장).

27장 ~ 28장 - 에발산(Mount Ebal)과 게레심산(Mount Gerizim)으로부터의 축복들과 저주들. 이 두 높은 산들은, 세겜(Shechem)에 위치한 계곡의 양쪽에 서 있음. 레위 족(Levites)은 계곡의 중앙에 있었는데 레위 족의 일부 가 각각 양 쪽에(추측컨대), 이 산들의 아래 부분이었던 것 같다.

(4) 네 번째 논설: 땅에 관한 언약(팔레스틴 언약〈the Palestinian Covenant〉); (29장~30장).

29장 - 언약에 대한 소개.

30장 - 언약 그 자체. 만일 백성이 불복종하면, 땅으로부터 추방될 것이며, 그들이 뉘우치면 회복될 것이다.

2. 모세의 생애와 사역의 최종 광경(31장 ~ 34장)

31장 - 본서가 완성되다.

32장 - 노래를 부르다.

33장 - 복을 내리다.

34장 - 모세의 목숨이 끊어지다. 이 장은 모세가 기록하지 않은 것이 분명하다; 여호수아(Joshua)가 첫 8절을, 에스라(Ezra)가 나머지 4절을 기록한 것으로 여겨지고 있다.

여호수아

서 론

1. 저자

불확실함. 전통적으로 유대인들 사이에서는, 여호수아 자신이라고 생각하고 있다(1:1; 레 1:1과 민 1:1; 수 24:26; 왕상 16:34). 고대와 현대의 필자들은, 일반적으로 위와 같은 의견이다. 어떤 사람들은 시사하기를, 이 책이 아론의 아들 엘르아살(Eleazar), 또는 손자 비느하스(Phinehas)에 의해서 기록됐을 것이라고 한다. 그렇지만 요단강을 건널 때 함께 있었던 자에 의해, 기록된 것은 틀림없다(5:1). 그리고 라합(Rahab)이 아직 살아 있을 때였다(6:25).

2. 수신자들

다른 역사서들에서와 같이, 특별히 지명되지 않았다.

3. 기록 연대

이 책의 존속 기간이 약 30년이 넘었다. 모세의 죽음으로부터 여호수아의 죽음까지이다. 아마도 여호수아는, 모세가 애굽으로부터 도망해 나왔을 때, 태어났을 것이다. 그러므로 그는 모세보다 40세가 젊었었으며, 그가 총 지휘를 맡았었을 때는 80세였다(14:7,10 갈렙을 참조하라). 여호수아는 110세에 죽었다(24:29). 기록이 완료된 것은 주전 1370년, 여호수아가 죽었을 때였다.

4. 본서의 기록 목적

약속된 땅을 이스라엘에게 주심으로써(23:14), 어떻게 하나님께서 약속하신 것을 성취하셨는지를 보여주려는 것이다. 그리고 또한 이스라엘이, 어떻게 완전히 땅을 소유하는데 실패했는지를 보이기 위해서이다(18:3).

5. 주제

가나안(Canaan)의 정복 및 분할(11:23; 21:43).

6. 본서의 요절(1:2,3)

열쇠가 되는 단어들: "차지하라"(Posses) 및 "차지하다"(Possession) - 22회; "물려받으라"(Inherit)와 "물려받다"(inheritance) - 63회.

여호수아의 개론

1. 약속된 땅에 들어가다(1장 ~ 5장)

1장 - 요단강(the Jordan)을 건널 준비를 해가지고, 약속된 땅에 들어가다.

2장 - 라합(Rahab)이 두 정탐꾼을 구원하다.

3장 - 요단강을 기적적으로 건너다.

4장 - 기념의 돌들(the memorial stones)을 세우다.

5장 - 새 세대가 길갈(Gilgal)에서 할례(割禮)를 받다; 만나(the mana)가 끊어지다. 진정한 지도자이신 여호와께서, 여호수아에게 나타나심.

2. 땅을 정복하다(6장 ~ 12장)

6장 - 여리고(Jericho)가 기적적으로 정복됨.

7장 - 이스라엘 백성이, 아간의 죄(Achan' s sin) 때문에, 아이(Ai)에서 패배함.

8장 - 아이(Ai)를 탈환함.

9장 - 기브아 사람들(the Gibeonites)과 동맹을 맺다(땅의 남부를 정복함 - 10장).

10장 - 남부 왕들과의 연합군이, 기브온(Gibeon)에서 패배함. 28절에서 43절까지는 남부 나라에 대한 간단한 점령. 땅의 북쪽 부분이 정복됨(11장 ~ 12장).

11장 - 메롬(Merom) 물가에서 북방 왕들의 동맹군을 물리침.

12장 - 정복된 왕들의 요약.

3. 땅을 분배하다(13장 ~ 22장)

13장 - 요단 동쪽에 있는 두 지파 반(the two and a half)의 배분.

14장 - 갈렙의 헤브론(Hebron)을 요구하다.

15장 - 유다(Judah)의 배분 몫.

16장 - 에브라임(Ephraim)의 몫.

17장 - 므낫세(Manasseh) 반 지파(요단 서쪽)의 몫.

18장 ~ 19장 - 다른 일곱 지파들의 몫.

20장 - 도피성들에 대한 추가적 지시.

21장 - 레위족(the Levites)의 성들.

22장 - 요단강 동쪽에 있는 두 지파 반의 제단.

4. 여호수아의 마지막 영적 메시지 (The Last Message)

23장 - 분리에 대한 영적 교훈.

24장 - 섬김에 대한 영적 교훈.

사사기

서 론

1. 저자

불확실함. 유대 전통에 따르면(탈무드〈Talmud〉), 사무엘(Samuel)이 저자이다. 본서는, 다윗(David)의 예루살렘(Jerusalem) 정복 이전에 기록된 것이 틀림없다(1:21). 또한 왕국이 세워진 후에 기록된 것 같다. "그 때에는 이스라엘에 왕이 없었으므로"(17:6; 18:1; 19:1; 21:25)라는 구절들 때문이다. 이것이, 기록 시기를 사울(Saul)의 통치, 또는 다윗의 통치 초기로 고정시킬 수 있을 것이다.

2. 수신자들

다른 역사서들에서와 같이, 특별히 진술되지 않았다.

3. 기록 연대

여호수아의 죽음으로부터 사무엘(Samuel)의 죽음까지(주전 1370-1070년)(왕상 6:1을 보라), 약 300년에 걸친 기록이다.

4. 본서의 기록 목적

(1) 여호수아로부터 사무엘이 죽기까지의, 피택 민족(the chosen nation)의 역사를 계속해서 기록하기 위한 것.

(2) "…사람마다 자기 소견에 옳은 대로 행하였"을 때(17:6; 21:25)에 무엇을 보여 주는 지에 대한, 사람의 도덕적 퇴폐에 대한 두려운 과시(誇示)를 나타내기 위한 것.

5. 주제

사사들의 기간 동안 이스라엘의 간략한 역사 - 하나님께서 기용(起用)하신 사람들은 유능한 법적 인물들일뿐 아니라, 그 민족에게 왕이 있기 전의, 지도자들과 구원자들이었다. 이 기간 동안 여러 차례, 이스라엘이 그들의 죄 때문에 그들의 원수들의 손에 넘겨지곤 했다. 그러나 그런 때면 하나님께서 구원자를 일으켜 주시곤 해서, 그들은 평화의 한 때를 즐기다가, 그 후에 그들은 또 다시 부패했다(2:14-19).

6. 본서의 요절(2:14-19)

열쇠가 되는 단어들: - "악"(Evil) - 14회(이 대부분은 거의 "악을 행하니라"). "재판"(재판하다) - 22회.

사사기의 개론

1. 실패와 재판(1장 ~ 2장)

1장 - 불순종으로 말미암아 여러 지파들의 실패, 타협들, 그리고 세상과의 연대(여덟 지파의 부분적인 실패가 묘사됨 - 르우벤, 시므온, 잇사갈 및 갓은 여기서 언급되지 않음).

2장 - 불순종, 재판 및 사사들의 가르침(그들의 슬픈 경험의 반복을 주시하라, 그것이 자주 반복됐다; 죄, 심판, 회개, 구원, 그리고나서 또다시 범죄).

2. 이스라엘의 열두 사사(3장 ~ 16장)

3장 - ① 갈렙의 조카 옷니엘(Othniel); 메소보다미아(Mesopotamia) 왕에 대한 승리를 주도하다.

② 에훗(Ehud)이 이스라엘을 모압 족(Moabites)으로부터 건져냄.

③ 삼갈(Shamgar)이 이스라엘을, 불레셋 족(the Philistines)으로부터 건져냄.

4장 ~ 5장 - ④ 드보라(Deborah)가 바락(Barak)과 더불어 가나안 왕 야빈(Jabin) 및 그의 장군 시스라(Sisera)를 패배시킴; 5장에 기록된 전송가(戰頌歌).

6장 ~ 8장 - ⑤ 기드온(Gideon)과 - 그의 300명이 미디안 족(Midianites)의 압제를 격파하다.

9장 - 기드온의 악한 아들 아비멜렉(Abimelech)이, 자기 형제들을 죽이고, 3년 동안 왕 노릇하다.

10장 - ⑥ 별로 알려지지 않은 돌라(Tola)와 ⑦ 야일(Jair)이 사사들이 되어 이스라엘을 재판하다.

11장 - ⑧ 길르앗 사람(Gileadite) 입다(Jephthah)가 암몬족(Ammonites)을 패배시키다.

12장 - ⑨ 입산(Ibzan), ⑩ 엘론(Elon), ⑪ 압돈(Abdon)은 그들과 그들의 재판에 대해 별로 알려지지 않고 있다.

13장 ~ 16장 - ⑫ 삼손(Samson) - 초자연적 힘으로 불레셋 사람들을 패배시키고 이스라엘을 재판했지만, 성결 생활의 결핍으로 인해, 부자연스런 종말에 이름.

3. 이 기간 동안의 혼돈과 부패를 예시(例示)하는 부록(17장 ~ 21장)

17장 ~ 18장 - 우상숭배. 이 시기의 첫 상태로 되돌아감. 땅을 더 요구하던 단지파(the Danites)가 미가(Micah)의 우상들을 훔친다. 그리고 거짓 예언자.

19장 ~ 21장 - 부도덕과 내전. 기브아(Gibeah)에 사는 베냐민(Benjamin)의 남자들이, 여행하던 어떤 레위 아내를 음탕하게 욕을 보이고 죽이다(19장). 레위의 아내에 대한 악행에 관한 정보에 접한 다른 족속들은, 범죄한 자들을 처벌하기 위해, 내어 놓으라고 명령하다. 거부를 당하자 전쟁이 벌어지다. 베냐민은 첫 두 전투에서 승리했으나, 세 번째 전투에서 패배하고, 족속이 거의 전멸하다. 다만 600명만 살아남아 광야로 도망했다(20장). 여타의 족속들은 이들 남자들에게 아내들을 주지 않음으로써, 이 족속을 멸절시키려 했지만, 마음을 고쳐먹고 600명에게 아내들을 주기로 하다;

야벳 길르앗(Jabesh-Giliad)의 3분의 2, 이 성읍은 분쟁에 가담

하지 않은바, 요단 딴 쪽에 있던 갓(Gad)족 자들로서, 남아 있던 3분의 1이 궁리한 방도로서, 절기 때에 춤을 추다가 여인을 납치해 가는, 실로(shiloh)에서의 서투른 양심 무마책을 사용했다(21장).

룻기

서 론

1. 저자

확실하지 않다. 사무엘(Samuel)일 가능성도 있다 - 그가 다윗(Divid)에게 기름을 부어 왕이 되게 했을 때, 기록했을 것으로 여겨진다(4:22).

2. 수신자들

다른 역사서들에서와 같이, 특별히 기록되지는 않았다.

3. 기록 연대

약 10년간에 걸친다. "사사들이 치리하던 때에…"(1:1)라는 것 외에는, 언제 일어났는지 알 수 없다. 사사들의 시기가 시작됐을 때일 가능성이 있다. 기록 시간은 아마도, 사사들의 기한과 비슷할 것 같다.

4. 본서의 기록 목적

(1) 사사들의 기간 동안의 보다 밝은 면을 보여 주기 위한 것. 이 책은 앞에 나온 책을 다시 비쳐 준다. 이 책은 모든 것이 되돌아갔고, 모두가 하나님을 버린 이야기다.

(2) 이 책은 또한 명백히 다윗의 가족에 대한 무엇을 보여주려고 기록한 것 같은데, 특히 모압(Moab) 여자 룻(Ruth)이, 어떻게 다윗의 고조할머니가 됐는지를 보여 주기 위해 기록됐다. 이 책은 여자의 이름을 따서 만든 두 권의 책 중에 하나이다.

5. 주제

이스라엘의 하나님을 섬기기로 작정한 모압 여자 룻의 이야기, 그리고 그녀는 하나님의 넘치는 복을 받다.

6. 본서의 요절(1:15,16; 4:10)

열쇠가 되는 단어들: "근족"(近族, Kinsman) - 14회; "기업(基業) 무름"(redeem) - 9회.

7. 특주(特註)

구약 이스라엘에서의 전형적(典型的)인 가르침 - 다른 사람에게 매각한 사람이나 재산을, 만일 그 사람이 가까운 친척으로서, 유능하고, 의욕적이고, 남에게 구속을 받고 있지 않을 경우에는, 속상(贖償)할 수 있다. 보아스(Boaz)는 룻과 그녀의 신원(身元)을, 이렇게 속상했다. 이와 같이 신약성경에서 우리는, 우리의 위대한 친족인 구속자(our great Kinsman - Redeemer)께서, 이 모든 요구들을 성취하시고, 죄의 종노릇 아래 팔렸던 자들을 건져내셨다.

룻기의 개론

1. **룻이 선택하다 (1장)**
2. **룻이 노력하다 (2장)**
3. **룻이 기다리다 (3장)**
4. **룻이 보상을 받다 (4장)**

사무엘상

서 론

1. 저자

알려지지 않고 있다. 히브리어 성경에서는, 사무엘상·하가 다만 한 책으로 되어 있어, "사무엘"(Samuel)이라고 불려지고 있다. 유대의 전설은, 사무엘이 저자라고 주장하고 있다. 그러나 이것은 가능하지 않을 것 같다. 왜냐하면 기록된 사건들은, 사무엘의 생애를 훨씬 초과하기 때문이다(그의 죽음이 25:1에 기록됐다). 다윗의 죽음이 사무엘하에 기록되지 않은 것을 보면, 본서는 다윗이 아직 살아 있을 때 기록된 것 같다. 다윗은 아직 살아 있었다. 갓(Gad)이나 나단(Nathan)이 저자였을 가능성이 있다(역상 29:29).

2. 수신자들

다른 역사서들에서와 같이, 특별히 기록되지 않았다.

3. 기록 연대

책의 기록 기간 - 사무엘의 출생부터 사울(Saul)의 죽음까지. 기록 연수는 적어도 110년은 될 것이다. 왜냐하면, 사울이 처음 왕이 됐을 때, 사무엘은 늙었고(8:1), 사울은 40년을 다스렸다(아마도 주전 1110년으로부터 1000년까지였을 것이다). 아마도 엘리(Eli)는 삼손(Samson)과 동시대 사람이었던 것 같다.

4. 본서의 기록 목적

사사들의 기간 이후의 이스라엘의 역사 기록을 계속하기 위해, 그리고 특히 왕국의 시작을 보여 주기 위해 기록한 것이다. 또한 윤리적인 목적을 위해서인데 - 선과 악의 표본들을 제공하기 위해서이다(롬 15:4; 딤후 3:16,17). 이것이, 하나님께서 엘리(Eli)의 가족을 다루시는 것을 통해, 자세히 보여졌다.

5. 주제

사무엘의 출생으로부터 사울의 죽음까지, 택한 백성 이스라엘의 역사를 기록하되, 특히 첫 왕 사울과 더불어 왕국이 어떻게 시작되어, 다윗이 후에 사울을 계승하기 위해 뽑혔는 지를, 보여 주고 있다.

6. 본서의 요절(8:19-22)

열쇠가 되는 단어들: (별로 분명치는 않지만) "기름을 붓다"(anoint) - 7회; "물리치다"(rejected) - 7회.

사무엘상의 개론

1. 예언자와 사사로서의 사무엘(1장 ~ 7장)

1장 - 기도에 대한 응답으로서의 사무엘의 출생.

2장 - 한나(Hanah)의 기도, 엘리의 악한 아들들.

3장 - 사무엘이 하나님의 부르시는 음성을 듣다.

4장 - 엘리의 악한 아들들에게 심판이 내리다; 불레셋 사람들(the Philistines)이 법궤(法櫃, the Ark)를 빼어감.

5장 - 빼어간 법궤가 불레셋 사람들에게 재앙을 내리다.

6장 - 벧세메스(Bethshemish)에 있는 이스라엘 사람들에게, 법궤가 돌아옴.

7장 - 법궤가 기럇여아림(Kirjath - jearim)으로 가다; 여호와께서 미스바(Mizpeh)에서 구원을 베푸시고; 사무엘이 이스라엘을 재판함.

2. 사울이 뽑혔지만 - 그의 통치는 배척받다(8장 ~ 15장)

8장 - 이스라엘이 왕을 요구하다.

9장 - 사울이 사무엘을 만나다.

10장 - 사울이 왕으로서 기름부음 받다.

11장 - 사울이 암몬 사람들(the Ammonites)을 쳐부수고, 왕으로서의 지위를 확고히 함.

12장 - 사무엘이 그의 은퇴의 영적 교훈을 내리다.

13장 - 사울의 노선을 하나님께서 물리치셨으니, 왜냐하면 그가 제사장의 직분에 개입했기 때문이다.

14장 - 요나단(Jonathan)의 용기와, 그의 아비 사울의 맹서.

15장 - 사울은, 하나님께 대한 직접적인 불순종으로 말미암아, 인간적으로 배척을 받다.

3. 다윗이 기름부음을 받았으나, 망명을 하고 박해를 받았다(16장 ~ 31장)

16장 - 다윗이 기름부음을 받다; 그가 사울을 위해 거문고를 연주하다.

17장 - 다윗이 골리앗(Goliath)을 이기다.

18장 - 다윗과 요나단(Jonathan).

19장 - 사울이 다윗의 목숨을 노리므로, 피신을 하다.

20장 - 다윗이 돌아왔지만, 요나단이 그에게 피신을 하라고 경고함.

21장 - 다윗이 제사장들의 도움을 받았으며, 갓(Gath) 왕 아기스(Achish)에게로 가다.

22장 - 다윗이 그의 용사들을 끌어 모으다; 사울이 제사장들을 학살하다.

23장 - 사울이 다윗을 추격해, 거의 붙잡힐 뻔하다.

24장 - 다윗이 사울의 목숨을 살림.

25장 - 사무엘이 죽다; 다윗과 아비가일(Abigail).

26장 - 다윗이 또 다시 사울을 살림.

27장 - 다윗이 갓의 아기스(Achish of Gath)를 섬기다.

28장 - 사울과 엔돌(Endor)의 무당(巫堂,〈神接한 女人〉).

29장 - 다윗이 자칫하면 이스라엘과 싸울 뻔하다.

30장 - 다윗이 아말렉 사람들(the Amalekites)을 패배케 하다.

31장 - 사울이 죽음을 당하고, 그의 군대가 불레셋 사람들에게 패배함.

사무엘하

서론

1. 저자

사무엘상과 같음, 두 책이 히브리어 성경에서는 한 권이기 때문이다.

2. 수신자들

특별히 언급되지 않았음.

3. 기록 연대

다윗의 모든 통치 연수를 다 포함함, 즉 40년 동안(왕상 2:11). 이것은 주전 1000년으로부터 960년까지가 될 것이다.

4. 본서의 기록 목적

사울의 죽음부터 솔로몬(Solomon)의 이스라엘의 역사를 기록하기 위해서이며, 이스라엘의 위대한 국력과 영광의 기간 동안의 왕조의 견고한 확립에 대한, 모습을 보여 주기 위해 기록됨.

5. 주제

다윗의 통치 기간 동안의 이스라엘의 역사.

6. 본서의 요절(7:8-16)

열쇠가 되는 단어: "다윗" - 거의 280회.

사무엘하의 개론

1. 다윗이 7년 동안 헤브론(Hebron)에서 유다를 통치함(1장 ~ 4장)

1장 - 그가 사울과 요나단을 애도하다.

2장 - 다윗이 헤브론에서 유다를 통치하고, 이스보셋(Ishbosheth)은 이스라엘(Israel)을 통치하다.

3장 - 아브넬(Abner)이 다윗에게로 가서, 그를 모든 이스라엘의 왕이 되게 하려고 모색했지만, 요압(Joab)에게 살해됨.

4장 - 이스보셋이 살해됨.

2. 다윗이 예루살렘에서 33년동안 모든 이스라엘을 통치하다(5장 ~ 24장)

5장 - 모든 이스라엘의 왕 다윗이, 예루살렘을 점유해서 그것을 자기의 수도로 삼다.

6장 - 다윗이 법궤를 예루살렘으로 가져옴.

7장 - 다윗적인 언약(the Davidic covenant).

8장 - 다윗의 승리들.

9장 - 다윗이 요나단의 아들 므비보셋(Mephibosheth)과 친근히 지냄.

10장 - 다윗의 군대가, 아모나잇 사람들(the Ammonites)과 수리아 사람들(syrians)을 격파하다.

11장 - 다윗의 대죄 - 간음과 살인.

12장 - 다윗이 회개하고 용서를 받았지만, 그의 영아는 죽다.

13장 - 암논(Amnon)이 그의 이복 누이동생 다말(Tamar)을 강간한 결과로, 그녀의 오라비 압살롬(Absalom)에 의해 보복 살해됨.

14장 - 다윗이 압살롬을 용서함.

15장 - 압살롬이 아비 다윗에게 반역한 결과로, 다윗이 예루살렘을 떠나 도망함.

16장 - 압살롬이 예루살렘을 지배함.

17장 - 압살롬이 거짓된 제안을 받아드리고, 다윗이 도망가도록 허용함 (요단을 건너 마하나임〈Mahanaim〉으로).

18장 - 압살롬은 살해되고, 그의 군대들은 패배함.

19장 - 다윗은 예루살렘으로 돌아오고, 요압(Joab)의 지위를 아마사(Amasa)에게 주다.

20장 - 요압이 아마사를 죽이고, 스바(Sheba)의 반역을 패배케 하다.

21장 - 다윗과 기브온 사람들(the Gibeonites); 블레셋 사람들과의 싸움.

22장 - 하나님의 건져주심에 대한, 다윗의 감사의 노래.
23장 - 다윗의 마지막 말들; 그의 용사들의 명단.
24장 - 다윗이 백성의 수를 계수함으로서 범죄하다.

열왕기상

서 론

1. 저자

알려지지 않고 있다. 전설에 의하면(탈무드〈Talmud〉), 예레미야가 썼다고 한다.

2. 수신자들

특별히 기록되지 않았다.

3. 기록 연대

다윗의 죽음으로부터 여호사밧(Jehoshaphat)의 죽음까지 약 126년 동안을 다룸(약 주전 960-834년경).

4. 본서의 기록 목적

히브리 원서에서는, 열왕기상·하가 한권으로 돼 있다(사무엘서와 역대서가 그러하다). 이 책(열왕기상·하)의 목적은, 이스라엘의 역사, 곧 그 가장 위대한 번영으로부터 쇠퇴와 멸망까지, 즉 다윗의 죽음으로부터 바벨론 포로로 잡혀갈 때까지(the Babylonian captivity)의 이스라엘의 역사를 더듬기 위한 것이다. 의심의 여지없이 또한 저자는, 윤리적인 목적을 가졌었는데 - 사람이 얼마나 자기 자신을 어거하기 어렵다는 것을, 보여 주기 위해서이다.

5. 주제

솔로몬의 영광스러운 통치, 그가 죽은 후에 왕국이 갈라짐. 그리고 북쪽에는 아합(Ahab)이, 남쪽에는 여호사밧(Jehoshaphat)이 통치함.

6. 본서의 요절(2:12; 11:13)

열쇠가 되는 단어들: "왕" - 약 250회; "예언자"(선지자) - 43회.

열왕기상의 개론

1. 솔로문의 통치(1장 ~ 11장)

1장 - 아도니아(Adonijah)가 왕권을 찬탈(簒奪)하려고 시도했지만, 노년의 다윗이 솔로몬을 왕으로 임명하고, 그에게 왕국을 견고하게 물려 줌.

2장 - 솔로몬에 대한 다윗의 마지막 명령과 다윗의 죽음; 솔로몬이 보좌에 앉다.

3장 - 지혜롭고 이해하는 마음을 주시기를 소원하는 솔로몬의 기도가 응답됨.

4장 - 솔로몬의 왕국의 행정; 그의 지혜.

5장 - 히람(Hiram)이, 솔로몬의 성전 건축 준비 물자들을 돕다.

6장 ~ 7장 - 솔로몬이 성전을 건축하다(성전은 배치 면에서 성막을 재현〈再現〉한 것이었지만, 약 두 배의 크기였다).

8장 - 성전의 봉헌(솔로몬의 설교와 기도가 포함됨).

9장 - 여호와께서 솔로몬에게 두 번째 나타나심; 솔로몬의 다른 공사들.

10장 - 스바의 여왕(the Queen of Sheba)이, 솔로몬을 국빈 방문하다.

11장 - 솔로몬의 반신(反神)행위(apostasy; 여호와의 심판; 여로보암〈Jeroboam〉에 대한 임명).

2. 분열된 왕국: 르호보암(Rehoboam)과 여로보암(Jeroboam)과 아합(Ahab)까지 (12장 ~ 16장)

12장 - 왕이 된 르호보암(Rehoboam); 여로보암(Jeroboam)의 죄.

13장 - 어떤 하나님의 사람이, 여로보암의 제단에 대해 반대되는 예언을 하다.

14장 - 여로보암과 그의 노선에 대한 심판이 예고됨; 르호보암이 남쪽 왕국을 다스림.

15장 - 아비암(아브야,〈Abijam 또는 Abijah〉)과 아사(Asa)가 유다를 다스리고; 나답(Nudah)과 바아사(Baasha)는 이스라엘을 다스림.

16장 - 엘라(Elah), 시므리(Zimri), 및 오므리(Omri)와 아합(Ahab)이 이스라엘을 다스림.

3. 엘리야(Elijah)와 아합(Ahab)(17장 ~ 22장); 무언가 새로운 것 - 왕에 대한 중요도에 있어서 뛰어난 역할을 하게 된 예언자.

17장 - 엘리야가 나타나 3년간의 기근에 대해 예고함; 그가 그릿 시냇가(Cherith)에 와 사르밧(Zarephath)에서, 기적적으로 먹을 것이 공급되고; 과부의 죽은 아들을 일으킴.

18장 - 엘리야가 바알(Baal)의 예언자들과의 내기에서 승리하고, 백성이 여호와를 하나님으로 인정함과 동시에 비가 쏟아짐.

19장 - 여호와께서 낙심한 엘리야를 격려하심.

20장 - 아합이 수리아 사람들에게 두 번 승리하도록 허용됐지만; 악한 벤하닷(Ben - hadad)을 살려둠으로써 범죄함.

21장 - 아합과 이세벨(Jezebel)이 나봇(Naboth)을 죽이고 그의 포도밭을 빼앗음; 엘리야가 그의 운명을 예고한 후에, 그가 자기 자신을 낮춤으로써, 잠시 동안 숨 돌릴 시간을 가지다.

22장 - 거짓 예언자들의 부추김을 받은 아합이, 여호사밧(Jehoshaphat)과 더불어, 라못 길리앗(Ramoth-Gilead)에서 수리아 사람들과 싸우러 나갔으나, 그는 전사함.

열왕기하

서 론

1. 저자

알려지지 않고 있지만, 전설(탈무드)에 따르면 예레미야라고 한다.

2. 수신자들

특별히 언급되지 않았음.

3. 기록 연대

이스라엘의 아하시야((Ahaziah, 아합의 아들)로부터, 바벨론 포로로 잡혀갈 때까지의 약 270년 동안(주전 855-586년)의 기간을 취급함. 열왕기하 25장 27절은 포로로 잡혀간 이후 약 26년간의 역사를 기록함.

4. 본서의 기록 목적

열왕기상에서의 기록을 보라.

5. 주제

아합과 여호사밧(Jehoshaphat)의 죽음으로부터, 마지막 포로시대까지의, 분열된 왕국의 역사를 다룸.

6. 본서의 요절(17:7,8; 18장 ~ 23장)

열쇠가 되는 단어들: "왕" - 약 340회; "예언자" - 31회.

열왕기하의 개론

1. 엘리야의 후계자, 예언자 엘리사의 사역(事役).(1장 ~ 13장)

1장 - 엘리야가 아하시야의 죽음을 예고함.

2장 - 엘리야가 하늘로 올라가다.

3장 - 모압(Moab)이, 세 왕의 연합군에 대해 기적적으로 승리하리라는 것을, 엘리사가 예고함.

4장 - 엘리사가 다섯 가지 놀라운 이적을 베풀다.

5장 - 엘리사가 수리아의 장군 나아만(Naaman)을 고치다.

6장 - 엘리사가 수리아 사람들에게서, 하나님의 지키심으로 보호 받다; 그들이 사마리아 (Samaria)를 포위하다.

7장 - 여호와께서 기적적으로 수리아 군대를 쫓아내심.

8장 - 두 여호람(the two Jehorams)의 통치; 유다의 여호람이 아합의 딸과 결혼함; 그가 죽고 그의 아들 아하시야(Ahaziah)가 1년간 통치함.

9장 - 예후(Jehu)가 이스라엘 왕으로 기름 부음 받다; 그가 이스라엘의 여호람(Jehoram) 및 유다의 아하시야(Ahaziah) 및 이세벨(Jezebel)을 처형함.

10장 - 예후가 아합의 모든 계보를 처형하고, 바알 숭배를 근절하다.

11장 - 악한 아달야(Athaliah)가 왕족들을 살해하고, 유다의 왕권을 6년 동안 찬탈하다; 처형되고 요아스(Joash)가 왕이 됨.

12장 - 성전이 요아스 치하에서 수리됨; 그가 암살당함.

13장 - 여호아하스(Jehoahaz, 예후의 아들)와 요아스(Joash)가 이스라엘을 통치하다; 엘리사가 죽다.

2. 엘리사의 죽음으로부터 이스라엘이 포로로 잡혀갈 때까지, 북쪽 왕국 (14장 ~ 17장)

14장 - 유다에 대한 아마샤(Amaziah)의 통치 및 요아스(Joash)와 여로보암 2세(Jeroboam 2)의 이스라엘에 대한 통치.

15장 - 아사랴(Azariah-〈웃시아, Uzziah〉)가 유다를 52년 동안 통치하고, 그의 아들 요담(Jotham)이 이어 받음; 요담(Jotham)에 이어 스가랴(Zachariah), 살룸(Shallum), 므나헴(Menahem) 및 브가히야(Pekahiah) 및 베가(Pekah)가 이스라엘을 다스림.

16장 - 악한 아하스(Ahaz)가 유다를 통치하다.

17장 - 북쪽 10족이 앗수르 사람들에 의해 포로로 잡혀감; 이스라엘(과 유다)에 대한 하나님의 정죄.

3. 이스라엘이 바벨론으로 잡혀가고, 또한 유다가 잡혀갈 때까지의 남쪽 왕국(유다)의 역사(18장 ~ 25장)

18장 - 유다의 선한 임금 히스기야(Hezekiah)의 치하(治下)에서의 부흥; 앗수르 사람들이 유다를 침공하다.

19장 - 여호와께서, 히스기야의 기도의 응답으로, 앗수르 군대를 패망케 하심.

20장 - 히스기야의 병과 기적적인 치유; 그의 생애 종막의 사건들.

21장 - 므낫세(Manasseh)와 아몬(Amon)의 악정.

22장 - 선한 왕 요시야(Josiah) 밑에서의 부흥.

23장 - 요시야의 추가적인 개혁; 그가 애굽 왕 바로느고(Pharaoh - nechoh)와의 전투에서 살해됨.

24장 - 여호야김(Jehoiakim)이 느부갓네살에게 공세자(貢稅者)가 됨; 그가 죽은 후, 그의 아들 여호야긴(Jehoiachin)이 석 달을 더 통치한 후 바벨론으로 포로가 되어 잡혀감; 그의 숙부 시드기야(Zedekiah)가 왕이 되어 느부갓네살에게 반기를 듦.

25장 - 예루살렘의 최종 함락과, 백성을 바벨론으로 이송(移送); 그달리야(Gedaliah)가 남아있던 백성의 총독이 됐으나, 이스마엘(Ishmael)에게 살해되고, 나머지 백성은 애굽으로 피신함.

역대상

서 론

1. 저자

아마도 에스라(Ezra)인듯 하다. 이것은 유대의 전설이며, 이 책 자체의 증거와 잘 맞는다. 필자는 바벨론 포로에서 돌아와, 이 책을 기록한 것 같다(대상 6:15; 3:19; 9:1,2). 역대 기록들은 에스라가 시작되는 바로 그 시점에서 끝을 맺는다. 사실상 에스라는 역대 기록들의 계속이다. 역대 기록들은, 성전 예배와, 제사장들과 레위인들(the Levites)을 중심으로 한다. 이것은 에스라가 제사장이었다는 사실과 들어맞는다(스 7:11). 히브리서도 에스라와 느헤미야(Nehemiah)가 비슷하다고, 일컬어지고 있다.

2. 수신자들

특별히 언급되지 않았다.

3. 기록 연대

본서에 기록된 사건들은, 사울의 죽음으로부터 솔로몬의 통치 시작까지의 약 40년간의 기간을 다룬다. 이것은 아마도 주전 1000년으로부터 960년까지였을 것으로, 아마도 에스라서의 연대와 비슷하다고 할 것이다(주전 450년).

4. 본서의 기록 목적

히브리 원문에서는, 역대상·하가 한 책으로 형성됐다(사무엘과 열왕기들이 그러하듯이). 역대상·하는 사울의 죽음으로부터 바벨론 포로 때까지 계속되므로, 사무엘하로부터 열왕기상. 하까지 지속되는 듯하다. 예언자(선지자, 예레미야 같은)가 열왕기들을 기록하고, 예언자(아마도 에스라)가 역대상·하를 기록한 것으로, 흔히 생각되고 있다. 역대상·하는, 성전예배, 제사장들 및 레위 사람들을 중심으로 하고 있다. 그러므로 물론 예루살렘과 남쪽 왕국을 중심으로 하고 있다. 그것은 북쪽 왕국에 대해서는, 별로 자료를 많이 가지고 있지 않다.

역대상·하는, 이스라엘의 왕좌 및 정치적인 역사에 관한 것을 취급한다; 그리고 북쪽 왕조에 대한 훨씬 많은 자료를 기록했으며, 예언자들에 대한 훨씬 더 많은 정보를 가지고 있다; 엘리야와 엘리사가 열왕기상·하에서 큰 역할을 하지만; 엘리사가 역대상·하에서는 언급되지 않았으며, 엘리야는 다만 한 번만 언급됐다. 4복음서들을 대조해 보라; 각 복음서가 같은, 일반적인 역사 시기를 제공하건만, 다른 세 복음서와 다른 강조를 하고 있다.

이 책(역대상·하)의 목적은, 왕국시기 동안의 다윗의 가문에 대한 역사를 말하기 위해서이며, 또한 그 조정 밑에서의 성전과 제사장 제도에 관해서 말하기 위한 것이다.

5. 주제

다윗의 통치와, 그의 성전관리(管理).

6. 본서의 요절(29:26,27; 28:11-19)

열쇠가 되는 단어: "다윗" - 180회 이상.

역대상의 개론

1. 족보들(1장 ~ 9장)

1장 - 아담으로부터 야곱과 에서(Esau)까지의 족보, 거기다 보태어 에서의 단독적인 족보.

2장 - 야곱의 아들들과, 다윗시대 까지의 유다(Judah) 후손들의 역사.

3장 - 스룹바벨(Zerubbabel)부터 포로에서 돌아올 때까지의 그들 후손들의 역사.

4장 - 유다의 추가적인 후손들; 시므온(Simeon)의 후손들.

5장 - 르우벤(Reuben)의 후손들; 갓(Gad) 후손들.

6장 - 레위(Levi)의 후손들; 제사장들과 레위 족들; 다윗의 음악인들.

7장 - 잇사갈(Issachar), 베냐민(Benjamin), 납달리(Naphtali), 므낫세(Manasseh), 에브라임 (Ephraim) 및 아셀(Asher)의 후손들.

8장 - 베냐민의 후손들로부터 사울의 때 까지의 그들에 관한 추가적 정보.

9장 - 바벨론 포로로부터 돌아온 후의, 예루살렘 주민들에 관한 기록.

2. 사울의 통치의 종말을 더듬다(10장)

3. 이스라엘의 왕으로서의 그의 증대하는 통치(11장 ~ 21장)

11장 - 다윗이 헤브론(Hebron)에서 대관식을 가지다; 그의 용감한 신하들(his mighty men)의 기록.

12장 - 다윗이 도피해 있는 동안 그를 따르던 사람들; 그를 왕으로 대관한 지도자들.

13장 - 다윗이 법궤를, 기랏여아림(Kirjath-jearim)에서 예루살렘으로 옮기려 함.

14장 - 다윗의 블레셋 사람들에 대한 승리들과, 그의 명성.

15장 - 다윗이 드디어 법궤를 예루살렘으로 옮김.

16장 - 법궤의 예루살렘 귀환의 때에 벌린 다윗의 축제.

17장 - 성전을 건축코자 하는 다윗의 소망과, 하나님의 응답.

18장 - 다윗의 통치가 최고조에 이름.

19장 - 암몬 족(the Ammonites)과 수리아 족(the Syrians)에 대한, 다윗의 승리들.

20장 - 암몬 족과 블레셋 족에 대한, 다윗의 추가적인 승리들.

주(註): 모든 사람의 완전한 족보들이, 이스라엘과 유다 궁정서고에 보관돼 있었다(대상 9:1). 이 선별된 부분들은, 쓸데없는 첨가 부분들이 아니라, 차라리 수 세기에 걸친 하나님의 선택을 나타낸다.

21장 - 다윗이 백성을 계수함으로써 범죄하고 벌을 받음.

4. 성전 건축을 위한 준비들(22장 ~ 29장)

22장 - 다윗이 성전 건축의 자료들을 준비하고, 솔로몬에게 지시하다.

23장 - 다윗이 레위 사람들을 계수해서, 성전 봉사를 위해 그들을 조직하다.

24장 - 다윗이 제사장들을 조직화하다.

25장 - 다윗이 성전 음악인들을 조직하다.

26장 - 다윗이 성전의 다른 일꾼들을 조직하다.

27장 - 다윗의, 시민들과 군대에 대한 권위.

28장 - 다윗이 성전 건축의 계획들을 솔로몬에게 줄 때에, 백성에게 내린 마지막 당부.

29장 - 28장의 계속; 다윗의 마지막 말들; 솔로몬이 등극(登極)하고, 다윗이 죽음.

역대하

서 론

1. 저자

역대상의 주를 보라.

2. 수신자들

역대상의 주를 보라.

3. 기록 연대

본서에 기록된 사건들은, 약 424년간의 기간을 다룬다. 그것은 솔로몬의 시작으로부터, 예루살렘을 재건하라는 고레스(Cyrus)의 칙령까지의(주전 960-536년까지) 일들이다. 왕의 시대에 대해서 알려면, 역대상의 주들을 보라.

4. 본서의 기록 목적

역대상의 주들을 보라.

5. 주제

솔로몬의 통치로부터 고레스의 칙령까지의 유다 및 예루살렘의 역사; 역대하는, 사람들이 그 성전 및 예배로부터 떠난 것에 대한, 슬픈 기록이다.

6. 본서의 요절(1:1; 5:1; 36:14,17-18)

열쇠가 되는 단어들: "집"(성전을 가르킴, "여호와의 집" "하나님의 집") - 약 148회 기록됨. " 제사장"(과 제사장들) - 80회 이상 사용됨.

역대하의 개론

1. 솔로몬의 통치(1장 ~ 9장)

1장 - 하나님께 대한, 솔로몬의 첫 환상(vision of God).

2장 - 솔로몬이 성전 건축을 위한, 마지막 준비를 하다.

3장 - 솔로몬이 성전을 건축하다.

4장 - 솔로몬이 성전의 기구(器具)들을 만들다.

5장 - 솔로몬이 성전을 봉헌하고; 법궤를 드려오다.

6장 - 솔로몬이 성전을 봉헌하다; 그의 설교와 기도.

7장 - 솔로몬이 성전을 봉헌하고, 희생 제물들을 바쳤으며, 잔치를 배설하다; 솔로몬이 두 번째 하나님의 환상을 보다.

8장 - 솔로몬의 활동들.

9장 - 스바의 여왕(the Queen of Sheba)이 솔로몬을 방문하고, 그의 지혜와 부를 보다; 그가 40년을 통치한 후에 죽다.

2. 르호보암(Rehoboam)으로부터 바벨론 포로 잡혀갈 때까지의 유다 왕들의 통치(10장 ~ 36장)

10장 - 나라가 르호보암의 통치 시작에 분열되다.

11장 - 르호보암이 그의 왕국을 강화하다.

12장 - 르호보암이 그의 불충 때문에, 하나님께 벌을 받다; 그가 17년간을 통치한 다음에 죽다.

13장 - 아비야(Abijah)의 통치와, 여로보암(Jeroboam)과의 전쟁.

14장 - 아사(Asa) 통치의 좋은 출발.

15장 - 아사 치하에서의 개혁.

16장 - 아사의 실패와 그의 죽음.

17장 - 여호사밧(Jehoshaphat) 통치 동안의 번영과 부흥.

18장 - 여호사밧이 악한 아합(Ahab)과 연합하다.

19장 - 여호사밧이 예언자에게 책망을 받다; 그의 통치 동안의 추가적 부흥.

20장 - 유다가 여호사밧 통치 동안에 침공을 당했으나, 구원이 주어짐.

21장 - 악한 여호람(Jehoram)의 통치.

22장 - 악한 아하시야(Ahaziah)가 잠시 동안 다스리다; 아달랴(Athaliah)가 요아스(Joash)를 제외한 모든 왕자들을 죽임.

23장 - 요아스가 왕이 되고, 아달랴가 처형됨.

24장 - 성전이 수리되다; 그러나 배신(背神)이 뒤따르고, 대제사장 여호야다(Jehoiada)는 죽고, 요아스는 암살당하다.

25장 - 아마샤(Amaziah)의 통치와, 에돔(Edom)과 이스라엘과의 그의 싸움.

26장 - 웃시야(Uzziah)의 선정이, 여호와께 대한 범죄로 말미암아 결국 망쳐짐.

27장 - 요담(Jotham)이 선정을 하기는 했지만, 백성은 여전히 배신(背神)적이었다.

28장 - 악한 아하스(Ahaz)의 통치.

29장 - 히스기야(Hezekiah) 치하에서 부흥이 일어나다.

30장 - 히스기야 치하에서의, 거대한 유월절 축제.

31장 - 히스기야 치하에서의 추가적 개혁.

32장 - 하나님께서 히스기야를, 앗수르 침입(the Assirian invasion)으로부터 구원하여 내심.

33장 - 므낫세(Manasseh)가 악정을 했으나, 바벨론에 한때 갇혀 있은 후에 개혁을 기도하다; 그러나 그의 아들 암몬(Amon)이 2년간 통치하다가 암살당하다.

34장 - 선한 왕 요시야(Josiah) 치하에서의 개혁.

35장 - 요시야의 통치 동안에 거대한 유월절 축연이 벌어졌건만, 그는 애굽 왕과의 싸움에서 전사하다.

36장 - 유다의 마지막 네 왕의 악한 통치가 지속됐으니, 그들은 여호아하스(Jehoahaz), 여호야김(Jehoiakim), 여호야긴(Jehoiachin), 및 시드기야(Zedekiah)였었다; 바벨론 포로로 민족이 잡혀 갔으며, 70

년 후에 고레스(Cyrus)의 포고로 선민이 풀려났다.

포수(=포로) 이후(捕囚 以後, Post-Exilic)의 책들에 대한 소개

이스라엘 자녀들의 역사에 대한 간략한 소개:

1. 하나님께서 아브라함을 부르심(창12:1-3); 주전 약 1870년경.
2. 야곱과 가족이 애굽으로 이주하다; 주전 약 1655년경.
3. 이스라엘 사람들이 모세의 인도하에 애굽를 떠남; 주전 1440년경.
4. 그들이 여호수아의 인도아래 약속의 땅(the Promised Land)에 들어감; 주전 약 1400년으로부터 1370년경까지.
5. 사사들의 통치기간(오드니엘〈Othniel〉)부터 사무엘까지; 주전 1370년부터 1040년까지.
6. 왕국의 기간(사무엘에서 시드기야〈Zedekiah〉); 주전 1040년부터 586년까지.
   (1) 연합 왕국(사울로부터 솔로몬까지).
   (2) 이스라엘(북 왕국)-여로보암(Jeroboam)으로부터 호세아(Hoshea)까지. 앗수르 포로로 잡혀감으로 끝남. 남쪽 왕국은 약 135년 동안 더 남아 있게 됐다.
   (3) 유다(남쪽 왕국)-르호보암(Rehoboam)으로부터 시드기야(Zedekiah)까지. 바벨론 포로로 잡혀감으로써 끝남. 첫 포로들은 주전 606년에 느부갓네살(Nebuchadnezzar)에 끌려가다. 예루살렘의 최종 함락, 주전 586년.
7. 포로로 잡혀간 회수
   (1) 바벨론 지배 하에서의 포로-주전 약 538년경.
   (2) 메데 바사 지배(Medo-Persian control) 하에서의(단 5:30,31까지를 보라) 주전 536년부터 구약 역사의 나머지까지.
   (3) 고레스가 칙령을 내려, 유대 사람들이 돌아가 성전을 건축하도록 허락함(대하 36:22,23; 스 1:1-4; 또한 사 44:28; 45:1; 렘 25:11; 29:10 그 밖에 지나간 200년 동안 성전 건축이 예고됨).

에스라

서 론

1. 저자

전통적으로 - 본서의 주역(主役)인 에스라(Ezra)(7:1,11,25,28; 8:15-17,21 등을 보라). "에스라"는 "돕는 자"(the helper)란 뜻이다. 그는 제사장이었으며, 세리야(Seraiah)의 아들이었다(7:1-5). 또한 서기관(a scribe)이었다(7:6,21). (서기관들은 성경들을 베껴 쓰는 일을 했으며, 또한 성경들을 연구 해석했다; 어떤 때는 신약에서 "교법사"〈敎法師, lawyers〉)라고도 불렀다. 아주 경건한 사람이다(7:10).

2. 수신자들

특별히 언급되지 않았다.

3. 기록 연대

약 80년간(주전 536-456년) 기간의 기록이다: 고레스의 칙령으로부터(1:1), 에스라가 예루살렘에 도착한 직후까지(7:1; 8:31; 10:17). 이 사건들 말엽에 기록됨.

4. 본서의 기록 목적

바벨론 포로 생활로부터 귀한한 뒤에, 유대 사람들이 그들의 땅에 정착한 것에 대한, 광경을 묘사하기 위한 것이다. 이 책에 기록된 두 가지 뚜렷한 기록들에 주목하라; 스룹바벨 하에서의 첫 번째 것(1장~6장)과, 78년 후에, 에스라 아래에서의 두 번째 것(7장~10장)이다.

5. 주제

바벨론 포로에서 돌아온 후의, 예루살렘과 유다의 회복.

6. 본서의 요절(2:1; 6:21,22)

열쇠가 되는 단어들: "올라가다"; "올라갔다", 등등이 여러 차례 쓰인다. "예루살렘" - 47회.

에스라의 개론

1. 스룹바벨이 첫 번째 포로들을 인도하고, 성전을 재건하다(1장 ~ 6장)

1장 - 고레스가 그의 지시를 내리고, 일단의 이스라엘 사람들이, 돌아갈 준비를 하다.

2장 - 포로됐던 자들이, 그들의 땅으로 돌아가다.

3장 - 제단이 축성되고, 성전 기초가 놓여 지다.

4장 - 사마리아 사람들(Samaritans)의 반대로 말미암아, 공사가 2년 동안 지연됨.

5장 - 학개(Haggai)와 스가랴(Zechariah)의 격려로 말미암아, 작업이 다시 시작되다.

6장 - 다리오(Darius) 왕이 고레스의 칙령을 확인하고, 성전 건축은 완료되다.

2. 에스라가 포로생활로부터의 제2차 귀환을 인도하고, 백성에게 그들의 분리된 입장을 일깨워주다(7장 ~ 10장)

7장 - 제2차 잔여 포로들이, 에스라의 인도 아래 돌아 올 준비를 하다.

8장 - 에스라와 그의 동료들의 여행과, 그들의 예루살렘 도착.

9장 - 백성의 분리됐던 입장을 에스라가 발견하고, 그 문제를 고백의 기도로 하나님께 아뢲.

10장 - 부흥이 도래하고, 백성이 그들의 분리됐던 입장으로 돌아옴.

주(註):- 6장 끝과 7장 초 사이 57년이 흘렀다. 이 기간 동안에, 에스더(Esther)서에 기록된 사건들이 일어났다. 에스더의 남편 아하수에로(Ahasuerus, 또는 썩세스〈Xerxes〉)가 그리스(Greece)를 침공했지만 무참히 패배했다. 그가 돌아온 후, 그는 에스더를 왕후로 맞아드렸다.

느헤미야

서 론

1. 저자

하가랴((Hachaliah - "여호와는 숨으셨다" 〈Jehovah is hidden〉)의 아들, 느헤미야(Nehemiah - "여호와는 위로하신다" 〈Jehovah comforts〉)가 기록함. 우리가 처음 느헤미야를 봤을 때 그는 아닥사스다(Artaxerxes) 왕의 술 따라 붓는 관리(the cupbearer)였다(느 1:11; 2:1; 스 7:1). 그는 유다 총독으로 임명 받아(5:14; 8:9; 10:1), 그 지위를 약 12년 동안 가지고 있었다.

2. 수신자들

특별히 기록되지 않았다.

3. 기록 연대

본서는 약 12년 동안의 기간을 다룬다(2:1; 5:14; 13:6). 이것은 어림잡아 주전 444년에서 432년까지인 것 같다.

4. 본서의 기록 목적

본서는 에스라의 종막 후 약 12년경부터 시작한다(스 7:8; 느 2:1). 그때에 큰 부흥이 일어났지만, 우리는 백성이 다시금 매우 낙심된 상태에 있음을 발견하다. 스룹바벨 인도하의 첫 포로 귀환이 있은지, 거의 100년이 지났다. 성전건축은 완료됐지만, 백성은 적들에게 괴롬을 당했으며, 성벽의 재건은 불가능했다(느 1:3). 그러나 이 일은 보호를 위한 매우 요긴한 방위 수단이었다. "…그들이 큰 환난을 만나고, 능욕을 받"았다. 에스라가 제사장과 교사로서 아직도 남아 있었으나, 느헤미야가 총독으로서, 도시를 재건하라는 공식적인 지시들을 내렸다(2:5). 첫 단계는 성벽들을 재건하는 일이었다(2:17). 이 책은, 느헤미야 아래에서 어떻게 성벽이 건축되고, 백성이 소생했는지를 말하고 있다.

5. 주제

예루살렘 성벽의 재건(1:3; 2:13,15, 17; 4:6; 6:15; 12:27).

6. 본서의 요절(4:6; 6:15,16)

열쇠가 되는 단어들: "성벽"(그리고 성벽들) - 32회; "건축하다" - 23회.

느헤미야의 개론

1. 느헤미야가 예루살렘으로 돌아와, 성을 재건하다(1장 ~ 6장)

1장 - 느헤미야가 남아 있던 자들, 곧 예루살렘의 고통에 대해서 알게 되다.

2장 - 느헤미야가 예루살렘으로 보냄을 받아, 그곳에서의 자기 계획을 세우다.

3장 - 성벽을 세우다.

4장 - 반대에도 무릅쓰고, 작업이 계속되다.

5장 - 작업이, 이기주의와 탐욕으로 말미암아 방해 받다.

6장 - 성벽이 완료되다.

2. 영적인 부흥(7장 ~ 10장)

7장 - 느헤미야가 예루살렘 통치를 위한 대책을 세우고, 스룹바벨과 더불어 돌아온 자들의 명단을 발견하다.

8장 - 에스라가 율법을 가르치고, 백성이 장막절을(the feast of tabernacles) 즐겁게 지키다.

9장 - 부흥이 이르다.

10장 - 하나님께 충성하겠다는 언약이 맺어짐. 일곱 가지 내용의 언약이 맺어졌다는 것을 주목하라; ① 이방인과 결혼하지 않겠다(30); ② 안식일을 지키겠다(31상); ③ 안식년(Sabbatic year)을 지키겠다(31하); ④ 성전세를 물겠다(32,33); ⑤ 성전 번제단을 위한 땔감을 공급하겠다(34); ⑥ 제사장들과 레위 사람들에게 양식을 공급하겠다(35-38); ⑦ 하나님의 집을 소홀히 하지 않겠다(39).

3. 추가적인 개혁들(11장 ~ 13장)

11장 - 예루살렘 인구의 재충원(再充員, repopulation)을 위한 대책이 마련되다.

12장 - 성벽의 봉헌(분명히 이 일 후에 느헤미야는, 수산〈Shushan〉으로 갔다가 돌아온 듯하다〈13장〉).

13장 - 느헤미야가 예루살렘으로 돌아와, 그곳의 무질서를 교정하는 일을 하다.

에스더

서 론

1. 저자

모르드개(Mordecai)가 썼을 가능성이 있다(9:20). 히브리어는, 에스라와 느헤미야와 비슷하다.

2. 수신자들

페르시아 제국(the Persian empire) 각 곳에 흩어져 사는, 이산(離散)의 유대 사람들(the Jews of the dispersion)(9:20).

3. 기록 연대

이 책에 기록된 사건들은, 아하수에로(Ahasuerus-〈썩시스, Xerexes〉) 통치 제 3년(1:3)에 시작되어 12년에 끝난다(3:7). 이것은, 약 주전 483년에서 474년경이다. 에스더는 주전 479년에 왕비가 됐다(2:16).

4. 본서의 기록 목적

하나님께서 자기의 백성이 비록 이산돼 있을지라도, 섭리적으로 돌보시는 것(providential care)을 보여 주기 위한 것; 또한 유대의 부림절(the Jewish Feast of Purim)(9:26-28; 3:6,7)이 어떻게 시작됐는지를 보여 주기 위해 기록됐다.

5. 주제

에스더와 모르드개의 중간역할을 통해, 전멸로부터, 섭리적으로 건져내신 이야기.

6. 본서의 요절(4:14)

열쇠가 되는 단어: “유대인들” - 43회(하나님의 이름이 한번도 사용되지 않았지만, 그분의 손길이, 성경의 다른 어떤 곳에서와 같이, 이 책에서도 보인다).

에스더의 개론

1. 에스더가 페르시야의 왕비가 되다(1장 ~ 2장)

1장 - 와스디(Vashti) 왕비가 아하수에로 왕을 불쾌하게 했으므로, 퇴위됨.

2장 - 와스디 대신에, 에스더가 왕비가 됨.

2. 하만(Haman)이 모든 이스라엘 사람을 죽이려는 음모를 꾸몄지만, 에스더에게 패배 당함(3장 ~ 8장)

3장 - 하만의 악한 음모.

4장 - 유대 사람들의 애통과, 모르드개가 이 사실을 에스더에게 알림.

5장 - 에스더가 왕의 은총을 획득하고, 그가 연회에 참석하다.

6장 - 모르드개가 높임 받고, 하만이 천대되다.

7장 - 에스더가 두 번째 연회에서, 왕에게 하만의 음모를 폭로한 뒤, 하만이 처형되다.

8장 - 모르드개가 하만의 지위로 승진되고, 왕이 유대 사람들에게, 그들의 원수들을 보복할 수 있는 권리를 부여하다.

3. 유대 사람들이 구출되고, 부림절(the Feast of Purim)이 지켜지다(9장 ~10장)

9장 - 유대 사람들이, 그들의 원수들에 대해 승리하고, 부림절이 수립되다.

10장 - 아하수에로 왕의 잔여 통치 기간 동안의, 모르드개의 위대성.

히브리 시문학(Hebrew Poetry)에 대한 소개

"성경의 종교적인 측면에 대해 결코 편파적이 아닌 비평가들은, 서정적 시가에 있어서 히브리 사람들이 세계의 문학을 주도한다는 것을 인정한다"고 말했다(철학박사 리처드 지 몰톤〈Richard G. Moulton〉, 시카고 대학교와 영국의 케임브릿지 대학교 교수).

1. 히브리 시가는 성격상 대체로 "서정적"이다. 그것은 원래, 거문고(lyre) 반주에 맞추어 낭송 되도록, 기록됐다. 따라서 "서정"이란, 노래하는 것을 위한 적절한 수단이다("서정시들"에 대한 방법을 참고하라). 서정 시가는 본질상 주관적인데, 그것은 작시자의 생각들과 감정들과 관계를 가지기 때문이며, 그 사람에게 영향을 끼치는 사건들을 겸하고 있기 때문이다. 이것은 서사시(epic poetry)와 대조되는데, 그것은 본질상 객관적이며, 대 사건들의 기록이기 때문이다. 그것이 성경에서와 같이 종교적일 때에는, 기록자가 하나님을 생각하고, 그 마음이 하나님을 사모할 때의 생각들과 감정들과, 관계를 가지기 때문이다.

2. 히브리 시가의 본질
   (1) 소리의 반복(리듬, rhyme)으로도, 억양(verbal rhythm)으로써가 아닌데, 이것은 흔히 우리들의 시의 경우가 그렇다.
   (2) 으뜸가는 특징은, "사상" 또는 "감정"의 리듬("thought" or "sense rhyme")이다. 어떤 이들은 그것을, "논리적 리듬"("logical rhythm") 또는 "평행주의"(parallelism) 라고도 한다; 평행주의에 세 가지가 있는데;
   ① 별칭법(別稱法, Synonymous)–같은 사상을 다른 단어들로 반복하는 것(보기들: 시 3:1; 9:1,2; 24:1–3; 욥 3:3–6).
   ② 대조어법(對照語法, Antithetic)–대조적으로 매우 강조된 생각들(시 1:6; 37:9; 잠 15:1; 13:1).
   ③ 통어법(通語法, Synthetic)–부가 또는 발전시킨 사상(시 1:2; 19:7–9; 잠 22:6; 전 12:13,14).
   (3) 때때로 다른 형태들도 발견 된다;
   ① 자모(字母)를 따른 배열들(Acrostic arrangements)–히브리어 자모를

규칙적으로 따라, 문장의 줄 또는 구절을 시작한다(애 1장,2장; 시 119:).
② 간간히 가다가 구절 또는 문장을 되풀이 하는 것을, 때때로 상호작용 적 평행주의(iterative parallelism) 라고도 한다(시 107; 136).

3. 구약성경 시가의 위치
(1) 산문으로 된 책들에게서도, 시적인 인용들이 여러 차례 발견된다. 이를테면 아래와 같은 보기 들이다;
야곱의 축복(창 49:1-27). 모세의 노래(출 15:1-19). 전쟁의 불(the War Flame)의 노래(민 21:27- 30). 모세의 이별의 노래(신 32:1-43). 드보라(Deborah)의 노래(사 5:). 한나(Hannah)의 노래(삼상 2:1-10). 활(Bow, 왕 앞에서 머리를 숙이다)의 노래(삼하1:17-27:). 다윗의 마지막 말들(삼하 23:1-7).
(2) 여섯 개의 시가적인 책들
① 욥기-욥과 그의 친구들 사이에 주고받은 대화들을 곁들인, 극적인 책(a drama).
② 시편-다윗이 주요 작가로 돼 있는, 이스라엘의 영감어린 찬송가.
③ 잠언-일상생활을 위해 주어진, 현명한 가르침들.
④ 전도서-세상적인 기초위에서 사는 삶의 허무와 무상(無常, vanity and futility〈미국 표준 역에서는 산문으로 돼 있지만, 잠언의 시적인 많은 부분과 비슷하다〉).
⑤ 아가(솔로몬의 노래)-그리스도와 교회 사이의 관계를 비유적으로 묘사한 것.
⑥ 예레미야 애가(哀歌)-황폐한 예루살렘에 대한 예레미야의 탄식의 노래.

주(註): - 미국 표준 역은, 이상의 부분들을 시의 형태로 인쇄했다는 것을 일러둔다.
주(註): - 이 책들은, 구약성경의 약 20퍼센트가 된다. 테리(Terry)에 따르면, 구약성경의 거의 반이, 실질적으로 시적인 형태로 기록됐다.

욥 기

서 론

1. 저자

아마도 욥 자신인 것 같다(19:23,24). 욥이 실질적 역사적 인물이었다는 것을 주목하라(겔 14:14-20; 약 5:11). 이 사건들이 벌어진(42:16)지, 140년을 살았고, 또한 모든 사실들을 가장 잘 알고 있었으니 만큼, 그에게는 이것을 기록할 충분한 시간이 있었던 것으로 여겨진다. 어떤 사람들은, 엘리후(Elihu)(32:15 - 17을 보라)나 모세가 가능한 저자들일 수 있다고 말한다.

2. 수신자들

특별히 기록되지 않았다.

3. 기록 연대

아마도 아브라함이나 조금 이전인 주전 2000-1800년 경에 기록됐는지 모른다. 이것은 아래의 사실들에서 짐작된다; 욥의 고령(창 11:32 참조; 조금 짧게 산 후기 교부들일 수도 있다).

욥의 종교 - 한 가정의 가장(家長, head of household)이 희생제를 드리는 것인데, 이것은 교부시대의 제사를 가리킨다. 모세의 율법에 대한 아무 언급이 없으며, 해와 달과 별들(31:26-28)에 대한 아주 초기의 예배형태를 제외하고는, 어떤 형태의 우상숭배에 대해서도, 언급하고 있지 않다. 출애굽(the exodus)이나, 소돔(Sodom)과 고모라(Gomorrah)의 멸망에 대한 언급이 전혀 없으나, 홍수(flood)에 대한 언급은 있다(25:15,16).

4. 본서의 기록 목적

경건한 자들의 고통이, 공정(公正) 및 하나님의 사랑과 어떻게 조화되는 지의 문제를 다루기 위한 것이다. 하나님을 믿던 경건한 욥이, 그의 부와 가족과 개인적인 건강을 상실했다. 그의 세 친구는, 고통은 언제나 개인적인 죄의 결과로 오는 것이므로, 욥이 그렇게 큰 고통을 당하는 것이며, 따라서 하나님께 대한 큰 죄인임에 틀림이 없다는 논쟁을 벌임으로써, 그를 "위로한다"는 것이었다. 욥은 자기의 무죄함을 주장하지 않으면서도 대답하기를, 그의 고통은 그의 허물과는 전혀 동떨어진 것이라고 했다. 얼마 후에 나이가 젊은 엘리후(Elihu)가 그의 문제에 대한 자기 의견을 장황하게 늘어놓는다. 끝으로 여호와께서, 하나님의 장대(壯大, majesty)하심과 지혜로우심과, 인간의 보잘 것 없음(the littleness of man)을, 말씀으로 나타내 보이셨다. 종국적으로 욥은, 여호와와 더불어 새로운 체험을 가지게 됐으며 전보다 더 큰 복을 누리게 됐다.

5. 주제

왜 의로운 사람들이 고통을 받는가?

6. 본서의 요절(2:3; 42:5,6,10)

열쇠가 되는 단어들: "고난"(Affliction) - 11회; "의로운"(그리고 의) - 21회; "대답해 말했다" - 22회.

욥기의 개론

1. 서언(序言)(1장 ~ 2장)

1장 - 경건한 욥이 부당하게 사탄에 의해 비난 받다. 그리고 사탄은 하나님의 허락을 받아, 욥의 행운과 가족을 멸하다.

2장 - 욥이 사탄에 의해 두 번째로 비난을 받다. 그리고 사탄은 욥의 건강을 해쳤지만, 그럼에도 불구하고 욥은 "그의 입술로 범죄하지 않았다"; 그의 세 친구가 그를 위로하러 오다.

2. 욥과 그의 세 친구들(3장 ~ 31장)

(1) 첫 번째 대화의 왕래(3장-14장); 욥이 말하고 나서, 그 다음에는 친구 각자가 말하고, 이번에는 욥이 말했다.

3장 - 욥이 죽음과 같은 고통 속에서 태어난 날을 저주함.

4장 ~ 5장 - 엘리바스(Eliphaz)의 첫 논설: 욥에게 죄가 있다, 그러므로 그의 죄 때문에 하나님께 채찍을 맞는다는 것이다.

6장 ~ 7장 - 엘리바스에 대한 욥의 대답: 욥이 그에게 죄를 지적하라고 요구한다.

8장 - 빌닷(Bildad)의 첫 논설: 욥이 위선자라는 것이다.

9장 ~ 10장 - 빌닷에 대한 욥의 대답: 하나님께서 완전한 자를 악한 자와 더불어 멸망시키시는 것 같다는 것이어서, 욥은 어떻게 그 자신의 경우를 하나님께 가져갈는지 모른다는 것이다. 만일 할 수만 있다면, 그는 자기가 억울하다는 것을, 선포하고 싶다는 것이다.

11장 - 소발(Zophar)의 첫 논설: 욥이 죄인일 뿐만 아니라, 그는 지금 거짓말을 하고 있다; 그는 하나님으로부터 지금 받고 있는 더 이상의 형벌이라도 받을만하다는 것이다.

12장 ~ 14장 - 소발에 대한 욥의 대답: 그는 그의 친구들이 말하고 있는 그런 것을 이미 알고 있다. 그는 그를 그렇게 다루시는 것을 이해할 수 없단다. 그럼에도 불구하고, 그분을 의지할 것이라고 한다.

(2) 두 번째 대화의 왕래(15장-21장); 세 친구 각자가 다시금 욥을 향해 말하고, 욥이 나름대로 대답한다.

15장 - 엘리바스의 두 번째 논설: 욥이 악하고 위선자라는, 묵은 공격을 되풀이 한다.

16장 ~ 17장 - 욥이 엘리바스에게 대답한다: 그는 죄가 없으며, 그의 친구들은 "번뇌(煩惱)케 하는 안위자들"(miserable comforters)이었다.

18장 - 빌닷의 두 번째 논설: 악한 자는 언제나 고통을 당하는 법이라고

하는, 전해 내려오는 말에 따른 논설이다.

19장 - 욥이 빌닷에게 대답했다: 하나님께서 그를 뒤집어 엎으셨으며, 어떤 알 수 없는 이유 때문인지 그는 그 공정성을 알 수 없지만, 그의 믿음은 숭고한 높이까지 상승(上昇)한다.

20장 - 소발의 두 번째 논설: 악한 자는 신속히 처참한 종말에 이른다. - 이것은 욥이 이런 무리의 하나임에 틀림이 없다는 암시다.

21장 - 욥이 소발에게 대답한다: 그들의 논점이 경험 그 자체에 의해 거짓인 것이 들어났다. - 왜냐하면, 악한 자가 때로는 번영하기 때문이다.

(3) 세 번째 대화의 주고받음(22장-31장); 첫 두 친구가 다시한번 말하고, 욥이 다시 대답하다.

22장 - 엘리바스의 세 번째 이야기: 욥이 죄인이라는 것을 주장하고, 욥이 틀림없이 범했을 것이라는 범죄들을, 하나하나 지적하고; 회개를 촉구하다.

23장 ~ 24장 - 욥이 엘리바스에게 대답하다: 그는 자기의 경우를 하나님 앞에 내어 놓기를 갈망하지만, 그분을 어디서 찾아 뵈올지 알 수가 없다(23장); 악한 자들이 분명한 보복을 받지 않고, 악한 행동들을 하는 경우를 말한다(24장).

25장 - 빌닷의 세 번째 이야기: 욥의 성급함을 나타내려고 시도한다.

26장 ~ 31장 - 욥의 마지막 대답; 그는 절대적으로, 자기의 결백함을 유지한다.

3. 엘리후(Elihu)의 논쟁(32장 ~ 37장)

세 친구들보다 욥의 말이 더 진리에 가까워지자, 그는 그들이 욥에게 제대로 대답하지 못하는 것과(32:3,12), 욥이 하나님 보다도 차라리 자기 자신을 정당화하는 것(32:2)을 책망했다. 그의 논쟁점은, 고통이란 반드시 죄의 결과 때문이 아니니 - 하나님께서는 때때로 의로운 사람에게도 고통을 주시지만, 그것은 그들을 징계하셔서, 그들의 교만을 미리 막으시기 위한 것이다(33:19). 징계하신 후에는, 그분께서 적절한 시간에, 그를 높여 주실 것이다(36:5-7). 그분께서는 위대하시며, 우리를 다루시는 것들을, 우리에게 설명하지 않으신다(33:12,13). 이 모든 면에서 하나님께서는 선하시건만, 1장과 2장에 묘사된 욥의 시련의 진정한 원인에 엘리후는 털끝만한 눈치도 채지 못했다.

4. 여호와께서 말씀하시다(38장 ~ 41장)

지금까지는 욥이 엘리후에게 대답해야 했지만, 이제는 하나님께서 말씀하시되, 장엄한 어조로 그분의 전능하신 능력과 지혜에 선언하시고, 신비한 모든 섭리를 설명하려고 시도하기에는 사람이 아는 것이 너무 적다는 암시를 하셨다.

5. 종언(終言)(42장)

문제의 완전한 해답을 얻기 위해서는, 서언(序言)에서 종언(終言)까지를 일관적으로 생각해야 한다(1장,2장). 시작할 때 우리는, 욥의 시련들이 형벌이 아니라, 시련이라는 것을 알았다. 이제 우리는 여호와와 더불어 새로운 경험을 가지게 되고, 전보다 더 큰 복이 따른다는 것을 알게 됐다.

시 편

서 론

1. 저자

150편의 시편 가운데, 100편이 기자 이름이 기록됐다.

(1) 이스라엘의 왕 다윗이, 73편을 기록했고.

(2) 거룩한 음악인들(the sacred musicians)의 수장(首長)이던 레위 사람(a Levite) 아삽(Asaph)(대상 16:4,5,7, 37)이, 12편을 기록했다.

(3) 다윗의 통치 동안 성전에서 섬겼던 레위 사람들 가운데 몇 사람(대상 9:19)이 10편을 기록했고.

(4) 이스라엘의 왕 솔로몬이 두 편.

(5) 다윗의 통치 동안 음악인으로 섬겼던 레위인 헤만(Heman)(대상 25:1, 5-6)이 한 편.

(6) 다윗 치하에서의 다른 또 한사람이었을 가능성이 있는 에단(Ethan)(왕상 4:31)이 한 편.

(7) 모세가 한 편.

부가적으로, 시편 2편과 95편이, 신약에 따르면, 다윗이 지은 것으로 돼 있다(행 4:25; 히 4:7).

2. 수신자들

(1) 주님(The Lord)(3:7; 4:1; 5:1).

(2) 의로운 자들(The righteous)(33:1; 37:1, 등).

(3) 이스라엘(Israel)(78:1; 105:5-6; 106:4-7, 등)

(4) 일반적으로 전 인류(ALL mankind in general)(1, 2, 4, 19편 등).

3. 기록 연대

주전 1440년 모세 때(시 90편)부터 주전 약 580년까지의 바벨론 포수(捕囚, =포로)까지.

4. 본서의 기록 목적

(1) 시편은 이스라엘을 위한 기도와 찬송의 영감 받은 예배의 책(the inspired worship book)이다. 하나님의 자녀가 세상을 살아가는 동안의 경험들, 곧 그의 의심, 두려움, 그리움들, 희망들, 기쁨들과 슬픔들이 그림처럼 묘사됐다.

(2) 시편은 또한 참된 예배의 정당한 방법을 제시해 주는데 - 하나님을 향한 마음의 바른 자세, 하나님 자신으로 마음을 채우고, 그분에게서 만족을 발견하는 것이다.

(3) 부가적으로, 또한 악한 자들의 경험들이 제시됐으며, 의로운 자들과 대조적으로, 악한 자들의 마지막 운명이 기록됐다.

(4) 이 모든 것을 뛰어 넘어, 그것은 위대한 예언의 책(a great book of prophecy)이다. 적어도 13편의 시편이, 신약성경의 인용에 의해서 메시아적(Messianic)이라는 것이 입증됐다(2편, 8편, 16편, 22편, 31편, 40편, 41편, 45편, 68편, 69편, 102편, 110편, 118편). 많은 것들이 또한 의심의 여지 없이, 그리스도께 대해 언급되고 있다. 이스라엘의 장래 영광과 또한 예언이 실려 있다. 신약성경에 있는 구약성경의 인용구들 4분의 3 이상이, 시편들이다.

5. 주제

믿는 자는 그의 하나님과 기도와 찬양을 통해 의사를 소통한다 (communicating).

6. 본서의 요절(33:1-4)

열쇠가 되는 단어들: "찬양" - 176회; "복이 있을 지어다"(Blessed)(복〈bless〉과 복을 비는〈blessing〉) - 92회.

시편의 개론

시편 기자들에 관해 이미 언급했듯이, 여러 가지 시편들이, 많은 세기 동안에 걸쳐 기록됐다. 어떤 미지(未知)의 사람이 그것들을 수집해서 다섯 편으로 분류했는데, 각 권은 송영(頌榮, doxology)으로 끝난다. 시편의 배열의 순서가 의심의 여지 없이 중요성을 지니긴 했지만, 이 중요성이 정확하게 무엇인가에 대해서는, 아무 합의도 이뤄지지 않았다. 각 시편이 모름지기 왜 현재 있는 곳에 있는 지에 관해, 권위 있게 말할 수는 없지만, 우리는 시편 여러 곳에서 논리적 일관성을 감지(感知)할 수 있다.

시편 제 1편은, 전체 시편의 적절한 도입부라고 한다면, 시편 150편은 적절한 결론을 제공한다. 시편 22편, 23편, 그리고 24편은, 그리스도를 선한 목자(the Good Shepherd)(요 10:11), 위대한 목자(the Great Shepherd)(히 13:20) 및 목자장(牧者長, the Chief Shepherd)(벧전 5:4)으로 나타낸다.

시편 120편-134편은, "올라감의 노래들"(songs of ascents)(백성이 여호와의 축일들을 지키기 위해 예루살렘으로 올라가든가, 성전 계단들을 오를 때에 사용하는 것으로 여겨 지는)이다. 시편 93편-100편 또는 103편-107편은, 찬양의 시편들(Psalms of praise)이며, 시편 145편-150편은 "할렐루야 시편들"(Hallelujah Psalms)이다.

제 1권은 시편 1편에서 41편까지이고, 대체적으로 다윗의 기도들(41편 가운데 37편이)임, 본 1권 가운데, 몇 개의 뛰어난 시편이 있음을 주목하라;

1편 - 복 받은 자가 불경건한 자와 대조됨.

2편 - 내림하실 왕(the coming King). 예언적인 시편들 가운데 첫 번째 것(행 13:33과 히 1:5; 5:5). ① 왕을 배척함(1-3). ② 왕위의 수립(4-6). ③ 왕의 통치(7-9). ④ 왕에 복종(10-12).

3편 ~ 7편 - 경건한 자들의 시련들과 슬픔들.

8편 - 인자(人子, the Son of Man - 메시아적인〈Messianic〉)의 높여지심(昇貴, exaltation)(마 21:16; 고전 15:27; 히 2:6-9).

14편 - 전적인 타락(Total Dipravity).

16편 - 메시아의 죽음과 부활(행 2:25-28; 13:35).

19편 - 하나님의 증인들(witnesses): 창조(1-3); 계시(7-11); 이런 것들을 고려한 후에 기도(12-14).

22편 - 십자가의 시편(Psalm of the Cross)(마 27:46; 막 15:34). 다윗은 결코 그런 경험을 한적이 없었으니; 이것은 전적인 예언이다.

23편 - 위대한 목자.

24편 - 영광의 왕(신약성경에 그다지 많이 인용되지는 않았지만, 분명히 메시아적인 시편).

31편 - 건져주시기를 바라는 기도 - 메시아적인 기도(눅 23:46).

32편 - 용서 받은 죄인의 축복. 아마도 다윗이 그의 막중한 죄를 고백한 뒤에 기록한 듯(51편도 보라).

34편 - 하나님의 성도들의 기쁨.

40편 - 순종적인 메시아(히 10:5-7).

41편 - 메시아께서 배반당하시다(요 13:18, 21-30). 다윗의 경험이, 그리스도의 경험을 예시(例示)한다.

제 2권은 42편에서 72편까지이고, 이 가운데서 19편이 다윗의 작품이다. 일반적인 제목; 경건한 자들의 고통들과 그들의 구출. 뛰어난 경험들;

42편 - 고난 받을 때에, 영혼이 하나님을 갈망하다.

45편 - 위대한 메시아적 왕의 능력과 영광(히 1:8).

51편 - 죄의 고백과 회복을 위한 기도.

63편 - 거친 들에서 하나님을 사모하다.

68편 - 구원의 노래 - 메시아적인 것(엡 4:8).

69편 - 메시아의 수난 - 메시아적인 것(요 15:25). 신약에서 빈번히 인용되는 시. 그렇지만 다른 경우들에서와 마찬가지로 다만 그 시의 한 부분만이, 그리스도께 적용될 수 있다는 것(이를테면 5절을 주시하라).

72편 - 의로우신 왕과, 그분의 영광스러우신 통치.

제 3권은 73편에서 89편까지임;

73편 - 악한 자들의 번영의 문제.

78편 - 이스라엘을 지난날에 다루어 오신, 하나님의 역사들(애굽에서부터 다윗에 이르기까지).

84편 - 하나님의 집의 적막함.

89편 - 다윗과의 언약을 지키심에 있어서의, 하나님의 충실하심.

제 4권은 90편에서 106편까지이고, 여호와의 통치가 끝날 때 아울러 끝나는, 하나님의 백성의 고난들과 재난들, 뛰어난 보기들:

90편 - 하나님의 영원하심과, 사람의 무상(無常, transitoriness).

91편 - 믿는 자의 안전.

96편 - 주님의 오심이란 관점에서 찬양에의 초청.

100편 - 하나님의 선하심과 자비에 대한 찬양.

102편 - 메시아께서 겸손하시게도 기도하심(히 1:10-12; 13:8).

103편 - 감사의 시편.

제 5권은 107편에서 150편까지이고, 이 시편들은 하나님의 말씀을 강조한다. 메시아께서 그 고난 받으심과, 영광스런 임재의 두 가지 면에서 묘사됐다. 할렐루야 합창과 더불어 끝난다. 뛰어난 보기들:

107편 - 사람들은 하나님의 선하심 때문에, 그분을 찬양해야 한다.

110편 - 왕이시오 제사장(King and Priest)으로서의 메시아. 신약성경에서, 어느 구약성경의 부분도, 이 보다 더 자주 인용된 곳은 없다(마 22:44; 고전 15:25; 히 1:3,13; 5:6,10; 7:17,21).

118편 - 메시야께서 높여지심(마 21:42; 행 4:11; 벧전 3:4,7).

119편 - 하나님의 놀라우신 말씀. 다만 122절과 132절만이, 하나님의 말씀에 대한 어떤 언급이 없을 뿐이다.

121편 - 여호와는 순례자의 도움 되심.

133편 - 형제적인 일치의 아름다움.

137편 - 방랑자들의 비탄.

150편 - 우주적인 찬양.

보복적인 시편들(the Imprecatory Psalms)을 주의하라: 약 20편의 시편들이, 악한 자들의 전복과 패배를 위한 기도들을 포함한다(주축적인 시들은 - 7편, 35편, 69편, 109편). 어떤 사람들은 생각하기를, 이 저주들은 하나님의 자녀들의 입술에 올려지는 것이 적절치 않으며, 하나님의 말씀에 포함시키는 것에 어떤 변명(apology)이 필요하다고 한다. 그러나 그것들에게는 어떤 설명이 필요할 지는 모르지만, 변명은 필요 없다.

(1) 시편들을 영감으로 쓰게 하신 성령님께서는, 죄와 죄인을 정죄하실 권리를 가지셨다.

(2) 이 저주들은 율법과 일치한다(시 28:4)-"눈은 눈으로, 이는 이로 ……"(출 21:24).

(3) 이 저주들은 우리 주님의 가르치심들과 그분의 제자들의 그것들과 조화된다(이를테면, 마 18:6,23; 갈 1:8,9; 약 5:3; 벧후 2:12,22; 유 12,15, 및 많은 유사한 다른 구절들).

(4) 이 저주들은 시편 기자가 개인적으로 싫어 하는 자에게 내려진 것이 아니라, 그에게 반대하기는 하되, 그들이 하나님과, 그분의 하시는

일에 반대하기 때문이다.

(5) 이 저주들 가운데 어떤 것들은, 성경의 예언들을 언급하되, 시편 기자가 원하는 것보다는, 차라리 일반적으로 그렇게 되어지기를, 표현하고 있다(시 137:8-9를 사 13:16; 렘 50:15; 51:6,56).

(6) 이 저주들의 어떤 것들은, 예언적으로 그리스도의 배반당하심과 관계된다(시 40:55; 69편, 109편).

(7) 하나님의 은혜와 자비가, 그분의 되풀이된 경고들에 나타난다(시 2:12).

잠언

서 론

1. 저자

적어도 잠언의 대부분은, 솔로몬에 의해 기록됐다(1:1; 10:1; 25:1; 대하 1:10; 전 12:9; 왕상 4:32). 아굴(Agur)(30:1)-"수집가" 인 르무엘(Lemuel)(31:1)-이 "하나님께 바쳤다" 고 했는데, 솔로몬 자신의 다른 이름이었을 것 같다. 만일 그렇지 않다면, 이 기자들에 대해서, 우리는 다른 아무것도 알 수 없다.

2. 수신자들

저자의 아들(1:8; 2:1 등), 추축컨대 르호보암(Rehoboam). 같은 교훈이 모든 아이들에게 적용될 것이며(4:1), 넓은 의미에서, 인류 전체에게 대해서도 그럴 것이다(8:1-5).

3. 기록 연대

솔로몬에 의해 기록됐지만(주전 약 950년), 히스기야(Hezekiah) 때까지는 완성되지 못했다(주전 약 725년까지는 완성되지 못했다〈25:1을 보라〉).

4. 본서의 기록 목적

아무 예언도 포함되지 않았고, 그리고 교리도 별로 포함되지 않았지만, 이 악한 세상에서 날마다 살아갈 때 있어서의, 하나님의 여러 가지 지혜를 적용하는 방법을 보여 준다. 그것은 악한 동료, 불순결, 무절제, 언쟁, 거짓말, 사업의 속임수, 뇌물을 챙기는 것 등등을 경고한다. 그것은 태만, 게으름, 자부심 및 탐욕을 정죄한다. 그것은 빈곤한 자들에 대한, 너그러운 구제를 명령한다. 그것은 여호와께 대한 두려움(the fear of the Lord), 부모에 대한 자녀들의 순종, 그들의 자녀를 올바로 훈련하라는 부모에 대한 의무, 선한 여인들의 감화력에 관해 가르친다. 세상으로 막 나가려고 하는 젊은이에 대한, 특별한 지시가 포함되어 있다. "시편이 경건한 삶에 대한 것이라면, 잠언은 실제적인 삶에 대한 것이다" (What the Psalms are to the devotional life, the proverbs are to the practical life)(에이 티 피어슨〈A.T.Pierson〉).

5. 주제

땅에서의 삶을 위해, 하늘로부터 주어진 율법들(Laws from heaven for life on earth).

6. 본서의 요절(9:10)

열쇠가 되는 단어들: "내 아들" - 22회; "지혜가 있는"(Wise, 지혜로운) - 62회; "지혜" - 54회; "지혜롭게" - 3회; "지식" - 사실들을 소유한 것. 지혜란? - "건전하게 심판하며, 사실들을 슬기롭게 다루되, 특히 그것들이 삶과 행동과 관련이 있을 때 그렇다"(웹스터 사전〈Webster Dictionary〉).

잠언의 개론

1. 지혜와 어리석음(wisdom and folly)이 대조되다(1장 ~ 9장)(이 부분은 잠언의 형식으로 돼 있지 않다. "내 아들아"〈My son〉가 15회 사용되다).

1장 - 죄인들의 유혹에 대해 조심하며, 참 지혜에 주목하라는 경고.

2장 - 악한 사람과 괴상한 여자에 대한 경고.

3장 - 여호와를 의지하며, 지혜를 찾으라는 격려.

4장 - 지혜의 중요성.

5장 - 성적인 범죄들에 대한 경고.

6장 - 보증을 서는 일, 나태 및 간음에 대한 경고.

7장 - 악한 여자의 꼬임에 빠진 어리석은 젊은이.

8장 - 지혜가 높임 받다.

9장 - 지혜가 어리석은 여자와 대조되다.

2. 솔로몬 자신이 마련한 잠언들(10장 ~ 24장)

여러 가지 제목들. 10장 - 15장은 대조들(對照, antithetic)을 제공한다. - "그러나"라는 말의 사용을 주시하라. 각 구절은 분리된 잠언이다. 16장 - 24장은 대체적으로 동의어적 잠언들(synonimous proverbs)이며; 22장 16절까지는, 한 절이 잠언으로 사용되고, 거기서부터는 둘 내지 그 이상의 것에 사용됐다.

3. 히스기야(Hezekiah)의 신하들이 베껴 쓴 솔로몬의 잠언들(25장 ~ 29장). 이것들의 대부분은, 한 절씩 끊어진 것의 형태이다(couplet).

4. 아굴(Agur)의 지혜(30장).

5. 르무엘(Lemuel) 왕의 지혜(31장).

전도서

서 론

1. 저자

솔로몬(1:1,12,16; 2:4-11).

2. 수신자들

특별히 언급되지 않았다. "청년이여"(young man)가 11장 9절에, "내 아들아"(my son)가 12장 12절에 언급됐다.

3. 기록 연대

주전 약 935년경. 아마도 솔로몬의 노년에 기록된 듯.

4. 본서의 기록 목적

온갖 것을 넘치도록 만족시킬 수 있는 위치에 있는 저자가, 인생의 온갖 것들을 관찰하고 시험해보고, 선한 것을 인간의 지혜로 시험해 본다. 그의 결론은; 1장 2절, 12장 13절,14절이다. 본서는 심지어 자연인의 자리(the position of the natural man)("해 아래"〈under the sun〉)에서 보더라도, 이 세상의 사물(事物) 그 자체는, 참된 행복을 가져다주거나, 인간의 마음을 만족시키거나 할 수 없다고 한다. 이것은 인간의 지혜의 책이라는 것을 기억하라(1:13). 그러므로 모든 진술들은, 반드시 진실은 아니다(2:24; 3:19-22; 7:16; 9:2를 보라). (성경에 있는 하나하나의 진술이 진리가 아니라, 그것을 기록한 것이 진리라는 것이니, 이를테면 사탄의 말 등이 그렇다는 것을 주목하라).

5. 주제

해 아래서의 삶의 허무성(the vanity of life under the son)(허무는 어리석은 자부심〈foolish pride〉이 아니라, "공허감"(emptiness, 또는 무목적성〈futility〉이라는 것에 주목하라).

6. 본서의 요절(1:12-14; 2:11)

열쇠가 되는 단어들: "지혜" - 28회;(잠언에서는, 지혜가 "해 위에 있는" 하나님의 지혜를 뜻하고, 전도서에서는, 그것이 "해 아래 있는 인간의 지혜"를 뜻한다 그레이 박사〈Dr Gray〉의 말에 따르면, 잠언에서는 "경건"〈piety〉을, 전도서에서는 "아는 것"〈science〉을 뜻한다). "지혜로운"(wise) - 21회; 총 49회, "헛되고" - 37회; "해 아래" - 31회.

전도서의 개론

1. **서론(1:1-11)**
2. **경험(1:12-2:26)**
3. **관찰(3:1-8:15)**
4. **깊은 생각(8:16-12:7)**
5. **최종 결론(12:8-14)**

아가

서론

1. 저자

솔로몬(1:1). 열왕기상 4장 32절도 보라 - 이것은 그의 1005 노래들 가운데, 으뜸가는 것들이다. 또한 라틴어로는 노래들(Canticles)이라고도 부른다.

2. 수신자들

특별히 기록되지 않았다.

3. 기록 연대

주전 약 970년경. 분명히 솔로몬의 초기 통치 시대였던 것 같다.

4. 본서의 기록 목적

(1) 결혼과 결혼에 의한 사랑(wedded love)을 영광스럽게 하기 위해. 솔로몬과 그의 축복된 신부와의 사랑을 말한다(4:7,10; 5:10,16).

(2) 이스라엘을 위한 여호와의 사랑을 나타내기 위해(호 2:19,20). 이른 시대부터 유대 학도들에 의해 인정받다.

(3) 그리스도와 교회의 사랑을 표시하기 위한 것. 처음부터 그리스도인들에 의해 인정받은 것 (시 45:6,11; 고후 11:2; 엡 5:25-33; 계 19:7-9 등을 보라).

5. 주제

신랑과 신부의 애틋한 사랑.

6. 본서의 요절(2:16)

열쇠가 되는 단어: "사랑하는 자여" (Beloved) - 32회(흔히 신랑이 신부에게 사용함).

아가의 개론

독일 고등비평가(1826) 하인리히 에발트(Heinrich Ewald)는, 목자인 여인을 그녀의 애인 남 목자로부터 떼어놓으려고 솔로몬이 시도했지만, 실패했다고 시사한다. 솔로몬은 그녀를 자기의 궁전으로 데려갔지만, 그녀가 그녀의 애인 목자에게 계속 정절을 지키는 것을 보았을 때, 드디어 그녀를 놓아 주었다는 것이다. 아이언사이드(Ironside)는, 아래의 이유들 때문에 위의 가설(假說)을 배척했다;

(1) 우리는 "고등비평의 아버지 격"(the father of higher criticism)인 그가, 깊은 영적인 진리를 가진 책을, 처음으로 펼쳤으리라고 좀처럼 기대할 수 없다.

(2) 이 이야기대로라면, 솔로몬은 이 이야기의 악당(惡黨)이 될 수밖에 없다. 그러나 성경에서는 그가 그리스도의 예표(豫表, a type of Christ)이다(마 12:42). 솔로몬(Solomon)은 "평화"(peace)을 뜻한다.

(3) 여러 세기를 통해 그리스도인들이, 하나님의 사랑을 묘사한 것으로 생각해 왔던 많은 아름다운 성경 구절들이, 솔로몬이 목자 처녀를 그녀의 참 사랑으로부터 떼어놓으려 하는, 육적인 욕망을 채우려 하는 저급한 수작이라는 것이 되고 마는 것이다. 아이언사이드 박사는, 아래의 조항들을, 참 이야기의 형편과 같은 이야기라고 제시한다.

① 솔로몬 왕에게는 예루살렘 북쪽에 있는 에브라임(Ephraim) 구릉(丘陵)지대에 포도원을 가지고 있었다(8:11).

② 그는 포도원 지기에게 그것을 관리케 했다(8:11). 그 관리인의 아버지는 분명히 죽은 것 같다; 어머니와 두 아들이 있었으며(1:6), 또한 두 딸이 있었는데, 큰 딸 술람미 여인(the Shulamite)(6:13)과, 어린 동생이었다(8:8).

③ 술람미 여인은 가족의 신데렐라(Cinderella) 격이었다(1:5). 타고

난 어여쁨을 지녔지만 알아주는 사람은 없었다. 아마도 그녀의 오빠들은 이복(異服)이었을 가능성이 있다(1:6). 그들은 그녀에게 몹시 거친 노동을 시켰다(1:6). 그녀에게는 그녀의 외모를 돌볼 기회가 전혀 없었다(1:6). 그녀는 포도 순을 다듬었으며(2:15), 여우 새끼들이 다닐 수 있는 오솔길을 내어 놓았다(2:15). 그녀는 또한 자기의 양 무리도 기르고 있었다(1:8). 밖에 있었기 때문에, 그녀는 햇볕에 몹시 그을려 있었다(1:5).

하루는 키가 큰 낯선 미남 청년이, 포도원을 찾아왔다. 그 청년은 변장을 한 솔로몬이었다. 그는 그녀에 대해 관심을 나타냈고, 그녀는 자기 외모에 관해 난처해졌다(1:6). 그녀는 그를 목동이라고 단정하고, 그의 양 무리에 대해서 물었다(1:7). 그는 직답(直答)을 피했지만, 그녀에게 사랑의 말을 전한다(1:8,9,10). 그리고 장래를 위한 풍성한 선물들을 약속한다(1:11). 그는 그녀의 마음을 사로잡게 됐으며, 장차 돌아올 것이라는 약속을 하고 떠나갔다. 그녀는 꿈에 그를 보고, 어떤 때는 그가 가까이 있는 것으로 생각한다(3:1). 드디어 그는 그의 모든 찬란한 왕복을 입고 돌아와, 그녀를 그의 신부로 맞이한다(3:6,7).

이것은, 처음에는 목자(Shepherd)로 오셔서 우리를 그분의 신부(新婦, His Bride)로 삼으시더니, 나중에는 왕(King)으로 오셔서, 어린 양의 혼인잔치(the marriage of the Lamb)로 정상(頂上)에 도달하실 그리스도의 재림을 나타낸다.

1. 신랑의 궁에 있는 신부가, 그분의 사랑을 기뻐하고, 그들의 첫 만남을 명상하며, 헤어지는 일이 뒤따르다(1:1~3:5).

2. 신부가, 영광 가운데 오시는 신랑을 보며, 그분과 동행하자는 그분의 초청을 받아드리다(3:6~4:16).

3. 잠을 이루지 못한 신부가, 마지막 날 그녀를 찾아온 신랑과 헤어지며 서로를 그리워하다(5:1~6:3).
4. 그들은 서로에 대한 부드러운 사랑을 나타내다(6:4~8:14).

예언서들

서 론

1. 예언자

(1) 예언자(선지자, Prophet)와 제사장(Priest)을 비교해 보라. 예언자는 하나님을 위해서 말하지; 그 자신의 말이나 (message) 또는 사상이 아니라 하나님의 말씀을 전한다(렘 23:16; 겔 13:2; 암 3:8; 렘 20:9; 겔 3장, 특히 4절,10절을 주목하라).

(2) 구약성경에서 사용된 호칭들: "하나님의 사람"(man of God)(왕상 13:1); "선견자"(先見者-보는자, seer-삼상 9:9; 사 2:1). 그리고 끝으로 예언자.

(3) 구약 예언자의 첫 목적은, 경고하고 개혁을 촉구하는 일이었다. 그는 애국자(a Patriot)였다-엘리야(Elijah)를 주목하라. 이것이 자연히 앞날을 예언하기에 이르렀다.

2. 구약성경에 나타난 예언의 역사

(1) 첫 예언자로 밝혀진 자는 에녹(Enoch)이다(유 14,15).

(2) 두 번째는 아브라함(Abraham)이었다(창 20:7; 시 105:15; 대상 16:8-22).

(3) 모세(Moses)가 하나님의 백성의 지명 받은 지도자로서의 특유한 위치를 지니고 있었다. 그 는 "하나님의 사람"(a man of God)이자(수 14:6), 예언자였다(신 18:15-19).

(4) 사사들의 기간 동안에-사무엘 밑에서 배우는 "학교"를 발견하는데, 그들은 때로는 "예언을 했다"고 한다(삼상 19:18-20).

(5) 왕국의 기간 동안-영웅적인 행동 면에 있어서, 그 기간 동안 엘리아의 영웅적인 행동들이 뛰어난 듯이 보인다. 그러나 더 자세한 기록들은 엘리사(Elijah)의 사역을 통해서였다(왕하 4:1,16; 5:26; 6:8; 7:1; 8:10; 9:6; 13:19). 예언자의 권위는, 심지어 왕의 그것보다 더 높았다(삼하 12장, 왕상 11:29 이하를 주목하라). 예언자들의 기록된 음신(音信)들은, 그들이 말한 모든 것이 아니고, 차라리 입으로 말한 예언들(the oral Prophecies)

의 적은 한 부분이었다(사 8:1,16; 30:8; 36:1-4; 합 2:2).

3. 예언서들

(1) 구분

① 포수(浦囚, =포로) 이전의 예언자들;

㉠ 니느웨(Nineveh): 요나(Jonah), 나훔(Nahum).

㉡ 10족속(이스라엘): 아모스, 호세아.

㉢ 유다에 대해서: 이사야(Isaiah), 스바냐(Zephaniah), 예레미야, 하박국(Habakkuk).

㉣ 이스라엘 및 유다 양족들에게: 미가(Micah).

② 포수(포로) 이후의 예언자들;
다니엘, 에스겔, 오바댜(Obadiah)(특히 에돔〈Edom〉에 대한 예언자).

③ 포로에서 귀환한 이후의 예언자들;
학개(Haggai), 스바냐(Zechariah), 말라기(Malachi).

(2) 장래 시간들에 대해서 예언적으로 언급

① 즉시 다가올 장래에 대해(사 38:5,6).

② 북 왕국의 포수시기(암 3:12-15).

③ 남 왕조의 포수시기(렘 25:9-11).

④ 이스라엘의 포로 자들이 앗수르(Assyria)에게 멸망될 것 같던 시대(나 3:5-7);와 바벨론(Babyion)이 멸망 받을지 모를 시대(렘 25:12-14).

⑤ 유대인의 첫 귀환(렘 29:10-14).

⑥ 그리스도의 초림(사 53:1-10).

⑦ 현대의 교회시대(Church Age)-그러나 아무 특별한 예언은 없다(욜 2:28-29를 보라).

⑧ 이 시대의 마감에 있을 환난기(Tribulation Period)(단 9:27).

⑨ 모든 이스라엘의 마지막 회복(final restoration)(겔 3:21-22).

⑩ 그리스도의 재림(슥 14:1-4).

⑪ 천년 왕국(the Millennium)(사 11:6-10).

⑫ 신천신지(新天新地, the New Heaven and the New Earth) (사 66:22).

(3) 예언들의 현 상황

① 이미 많은 부분이 성취됐다(사 7:14; 미 5:2 등).
② 성취의 과정이 매우 느리다(사 42:6-7; 호 3:4; 단 9:26).
③ 아직도 성취될 것이 많이 남아 있다(사 2:1-5; 등).

이사야

서 론

1. 저자

이사야(Isaiah)인데, 그 이름은 "여호와의 구원"(the salvation of Jehovah)을 뜻한다. 그의 아버지의 이름은 아모스(Amoz, 강하다〈"strong"〉)였는데, -아모스(Amos)와 혼동하지 말아야 한다 - 이사야는, 열왕기하 19장~20장에 13회 언급됐다(왕하 18장~20장은 이사야 37장~39장과 같은 입장에서 기록한 것이다). 역대하 26장 22절은 우리에게 말하기를, 필자는 웃시야(Uzziah)의 생애를 기록했다고 했고, 역대하 32장 32절은 히스기야(Hezekiah)의 역사를 진술하고 있다. 우리에게는 지금, 아마도 혹시 후자의 한 부분일른지 모를 일부를 제외하고는 두 책들을 가지고 있지 않다. 이사야는 또한 역대하 32장 20절에, 그의 시기의 역사와 더불어 언급됐다.

그의 아내에게도 예언적인 은사(恩賜)가 있었다(사 8:3). 그에게는 두 아들이 있었는데, 호세아(Hosea)의 자식들의 경우와 마찬가지로(7:3; 8:4), 상징적인 이름들이 주어졌다. 그는 오랜 기간 동안, 아마도 60년 동안, 사역한 것으로 생각되고 있다. 성경에는 그의 죽음의 기록이 없지만, 유대 전설에 따르면, 악한 므낫세(Manasseh)(히스기야의 아들)의 통치 동안, 나무 톱으로 "톱질을 당해"(sawn asunder) 순교했다. 히브리서 11장 37절에 기록된 순교는, 아마도 이사야이었을 지도 모른다.

2. 수신자들

유다와 예루살렘(1:1; 2:1; 3:1; 등). 말을 하는 김에, 북 왕조에 대해서와(28:1), 여러 이방들; 바벨론과 다메섹(Damascus), 등에 대한 경고들도 포함돼 있다.

3. 기록 연대

이사야는 웃시야 통치 말년 동안에 예언을 하기 시작해서, 웃시야의 통치 및 아하스(Ahaz) 및 히스기야(Hezekaih) 시대의 대부분(적어도 일부분) 동안 예언했다(1:1). 이렇듯 그의 사역의 기한은, 적어도 주전 740-700년이나, 아마도 더 길었을 지도 모른다.

4. 본서의 기록 목적

웃시야(Uzziah), 요담(Jotham) 및 히스기야(Hezekiah)의 통치들은, 적어도 표면적으로는 좋았다. 아하스(Ahaz)의 통치는 지극히 악독해서, 그가 다스리던 16년 동안 백성이 지나칠 정도로 악한 우상숭배로 내 몰렸다. 이사야 그의 목적은, 비록 유다가 "경건의 모양"(a form of godliness)은 갖췄을지라도, 그 나라가 도덕적으로, 종교적으로, 그리고 정치적으로 부패했다는 것(1:4,13,15)을 나타내기 위해서였다. 그는 그들이 하나님께로 돌아오라고, 그렇지 않으면 이 땅에서 쫓겨날 것이라고(1:19,20; 6:9-12) 호소한다. 그러나 유대 사람들이 흩어지긴 할지라도, 이 백성에게 영광스러운 장래가 앞에 놓여 있는데, 그 미래에는 메시아의 내림이 포함돼 있다. 축복이 또한 이방 사람들에게도 올 것이다. 이사야는 다른 어느 예언자보다 메시야에 대해 많이 말하고 있다.

5. 주제

하나님의 공의와 은혜.

6. 본서의 요절(61:1-3)

열쇠가 되는 단어들: "이스라엘의 거룩한 분"(the Holy One of Israel) - 25회; "심판"(Judgment)(또는 심판하다〈judge〉) - 52회; "위로하다"(comfort)(또는 위로하심으로〈comfortably〉) - 18회.

이사야의 개론

1. 처벌의 예언(1장 ~ 35장)

이 예언들은 대체로 이사야의 시대에 관계되는 것이지만, 포로시대를 예견한다.

1장 - 심판의 환상. 유다에 대한 여호와의 정죄. 그들이 만일 여호와께로 돌아올 것을 거부한다면, 그들이 원수에게 내어준 바 될 것이다.

2장 - 이스라엘을 위한 장래 축복의 환상, 그러나 축복을 앞설 심판.

3장 - 유다와 예루살렘에 내릴 두려운 심판들.

4장 - 심판들 후에 올 영광스런 왕국.

5장 - 포도원의 비유.

6장 - 이사야에게 여호와의 놀라운 환상과, 장차 그에게 올 임무가 주어지다.

7장 - 아하스(Ahaz) 왕에 대한 좌절과, 임마누엘(Immanuel)에 대한 증표가 그에게 주어지다; 앗수르의 침략이 예고되다.

8장 - 앗수르 침략에 대한 추가적인 정보.

9장 - 하나님의 아기(the divine Child)께서 오셔서, 평화를 가져다주실 것이다.

10장 - 유대인들을 징계하기 위해 하나님께 사용되던 앗수르 사람들이, 그들 자신들 역시 심판을 받을 것이다.

11장 - 왕과 왕국. 하나님의 아기에 대한 추가적인 계시(7:14; 9:6,7), 그리고 땅 위에 세워질 그분의 놀라운 왕국.

12장 - 왕국의 축복에 대한 이스라엘의 찬송. 방금 언급된 시간 동안. 이스라엘은 이 찬송시를 외칠 것이다.

13장 ~ 14장 - 바벨론의 무거운 짐(the burden). (무거운 짐이란, 심판의 무거운 소식이다). 루시퍼(Lucifer)(14:12-17)에 관한 진술과 불레셋(Philistia)에 대한 심판(14:31,32)도 주시하라.

15장 ~ 16장 - 모압(Moab)의 무거운 짐.

17장 - 다메섹(Damascus)의 무거운 짐.

18장 - 이스라엘의 최종적인 재규합에 관해, "에티오피아 강 너머에 있는 나라"(the land "beyond the river of Ethiopia")에 대한 호소.

19장 ~ 20장 - 애굽에 대한 무거운 짐(그리고 20장에서는 에티오피아〈Ethiopia〉가 포함됐다). 애굽의 와해와 패망이 묘사됐으나, 최종적인 축복의 공급도 약속됐다.

21장 - 추가적인 무거운 짐들; 메대, 바사(Media - Persia)에 의한, 바벨론에 대한 정복(1-10); 두마(Dumah)(에돔〈Edom〉의 남쪽 지방이며; 으뜸가는 산은, 세일〈Seir〉이다)에 대한 정복이다(11,12); 아라비아(Arabia)에 대한 무거운 짐(13-16).

22장 - 환상의 계곡(the valley of vision)에 대한 무거운 짐인데 - 예루살렘 그 자체와, 앗수르의 군대를 만났음에도 불구하고, 뉘우침이 부족한 것을 가리킨다. 이 장의 마지막 부분은, 다윗 가의 불충한 재무(財務) 셉나(Shebna)에 대한 저주가 포함돼 있다; 그리고 그의 뒤를 이은 엘리아김(Eliakim)에 대한 강복(降福)이 적혀 있다.

23장 - 두로(Tyre)의 무거운 짐. 바벨론의 침입에 대해 언급한다. 두로도 이스라엘과 마찬가지로, 70년 후에 회복될 것이다. 그러나 두로는 그 때에 여호와께로 돌아오지 않는다. 그러나 장차 그 나라는 여호와께로 돌아올 것이다(18).

24장 - 왕국시대(the Kingdom age) 이전에, 하나님의 진노가 땅에 퍼부어 질 것이다(계시록의 심판들과 비교해 보라).

25장 - 여호와께서 행하실 놀라운 일들을 인해, 그분께 드리는 찬송의 노래(a song of praise).

26장 - 장래 회복의 날(the day of the future restoration)에 유대 사람들이 그분께 올릴 예배와 간증(干證, testimony)(우리는 이 사실을, 지금 입증할 수 있다).

27장 - 그들의 원수들에 대한 심판과, 이스라엘 사람들의 회복에 대한 추가적인 진술.

28장 - (이제 예언자는, 먼 장래로부터 가까운 장래로 옮긴다). 에브라임(Ephraim)에 대한 재앙과, 예루살렘 통치자들에 대한 경고.

29장 - 아리엘(Ariel)의 재앙. 그러나 구출의 약속 장래 강복.

30장 ~ 31장 - 도움을 받기 위해 애굽으로 내려가는 반역적인 자녀들에 대한 재앙. 유다는 여호와로부터 도우심을 강구해야 할 때에, 애굽으로부터 그것을 요청한다. 그러나 앗수르 사람들로부터 건짐 받을 것을, 다시 약속받다.

32장 - 오실 왕(the coming King): 그분의 의로우신 통치와 이스라엘 사람들이 받을 복.

33장 - 악독한 탈취자 앗수르에 대한 저주.

34장 - 모든 나라들에 대한 심판. 마지막 시대의 환란 시기를 내다본다.

35장 - 왕국시대 이후의 이스라엘의 복(여호와의 시대에 나라들에 대한 심판에 대해 말한 뒤에, 34장에서 예언자는, 후에 세워질 영광스런 왕국을 가지게 될 구속 받을 이스라엘의 복(the blessing of the redeemed Israel)에게로 방향을 돌린다.

2. 괄호 안에 속한, 역사적인 부분(36장 ~ 39장)

이 부분은 앗수르 세력의 종국과, 바벨론의 시작을 가리킨다.

36장 - 예루살렘이 산헤립(Sennacherib)의 군대에 의해 포위됨.

37장 - 예루살렘이 여호와로 말미암아 구출되다.

38장 - 히스기야의 병과 치유.

39장 - 이방 바벨론 대사들에 대한 히스기야의 과시(誇示)와, 바벨론에게 정복당할 것에 대한 예언.

3. 강복에 대한 예언들(40장 ~ 66장)

일반적으로 말해서 이 부분은, 이스라엘이 바벨론 포로 생활로부터 돌아와, 메시아(Messiah) 아래에서의 최고의 강복에 이르기까지의 것을, 예언하고 있다.

40장 - 이스라엘을 위한 하나님의 위로;

개관: ① 하나님의 음성(1-2).
② 선구자(the Forerunner)의 음성(3-5).
③ 지칭되지 않은 음성(the Unnamed Voice)(6-8). 사람의 연약성(Man' s frailty)과 길이길이 있을 말씀(the abiding Word).
④ 예언자의 음성(9-30).
㉠ 구원자이신 하나님(the Savior God)의 영훈(9-11).
㉡ 창조주이신 하나님(the Creator God)의 영훈(12-20).
㉢ 뒷받침 해주시는 하나님(the Sustaining God)의 영훈(21-26).
㉣ 능력주시는 하나님(the Empowering God)의 영훈(27-31).

41장 - 하나님께서 왕국들을 통치하시건만, 사람들은 그분의 손길이 역사하시는 것을 거부하고, 그 대신 우상들에게로 돌아간다. 이스라엘 나라는, 하나님의 종(God's servant)으로 묘사 됐으므로 두려워 할 필요가 없는 나라였다.

42장 - 여호와의 이상적인 종(이사야서에 나와 있는 여호와의 세 종들에 대해 주시하라 - 스코필드 성경〈Scofield Bible〉 749페이지를 주시하라).

43장 - 이스라엘이 구속 받고 회복되다. 이스라엘이 바벨론 포로 생활로부터 돌아올 장래 일을 내다 보다.

44장 - 이스라엘이 그들의 구속주이신 하나님(God their Redeemer)을 의지하라는 부름을 받고, 또한 우상숭배의 어리석음을 제시 받다.

45장 - 하나님의 위대하심. 아무것도 알지 못하는 우상들과 대조적으로, 하나님께서는 장래 일을 예고하실 수 있다; 그 증거는, 고레스(Cyrus)가 태어나기 오래 전에 그의 이름이 지적된 것이 그것이다(44:28; 45:1).

46장 - 여호와의 능력과 우상들의 불능(the impotence of idols).

47장 - 바벨론의 파멸(이사야서에 있는 다른 바벨론 예언들과 마찬가지로 이 예언 역시 바벨론이 패망하기 전에 기록됐다는 것을 기억하라).

48장 - 바벨론으로 부터의 이스라엘의 구출.

49장 - 여호와의 종 메시야(Jehovah's Servant the Messiah)로 말미암아, 땅의 끝까지 가져오게 될 구원(이 종 개인〈this individual Servant〉께서는, 5절, 6절에 보면, 그 나라에서 뛰어나셨다는 것을 주목하라).

50장 - 메시야에 대한 이스라엘의 배척이 예고되다; 고난에 직면하신 그 분의 꾸준하심.

51장 - 이스라엘의 장래 구속과 회복.

52장 - 여호와의 구원으로 말미암아, 시온(Zion)이 구출되다.

53장 - 고난 받으시는 구세주(the suffering Saviour)의 고난을, 더 한 층 아프게 해드리는 것(52:13-15는 사실상 이 영적 교훈의 한 부분임, "구약성경의 예언의 진수〈眞髓, germ〉이다").

54장 - 구속 받은 이스라엘의 기쁨과 복락.

55장 - 하나님께서 베푸시는 구원을 선용하라는 초청.

56장 - 도래할 구원을 내다보면서, 의롭게 되라는 소명(召命).

57장 - 비록 고통스런 시대에 살고 있을 지라도, 의로운 자들은 복을 받고, 악한 자들에게는 평안이 없을 것이다.

58장 - 회개하라는 부르심 - 공허한 종교의 형태들을 제시하는 이스라엘 사람들은, 여호와를 만족하게 해 드릴 수 없을 것이다.

59장 - 이스라엘의 죄가, 그들을 여호와로부터 멀리하다; 구속주께서 시온으로 오시리라(그리스도의 재림을 여기서 내다보는데, - 롬 11:26,27을 보라).

60장 - 이스라엘의 영광이 회복되다. 천년 기간(the Millennium) 동안에 시온에 오게 될 영광스런 변화가 이 장(60장)에 묘사됨. 이 변화는 구속주의 오심으로 말미암아 이루어진다(59:20).

61장 - 메시야의 사역과 그 결과; 왕국의 복락(Kingdom blessing).

62장 - 예루살렘의 장래 영광.

63장 - 에돔에 대한 복수와, 이스라엘에 대한 강복.

64장 - 이스라엘의 용서를 위한, 여호와께 대한 호소.

65장 - 그들의 죄악스럼 때문에, 여호와께서 이스라엘을 떠나 이방 나라들에게 복을 내리시겠지만, 결국 이스라엘은 영광스럽게 회복될 것이다.

66장 - 이스라엘의 천년 지복(千年至福, millennial blessing)의 마지막 그림.

예레미야

서 론

1. 저자

예언자 예레미야(단 9:2; 마 2:17). 예레미야라는 이름의 뜻은 불확실하다. 그는 아나돗(Anathoth)에 있는 제사장의 가문에서 왔다(렘 1:1; 을 보고, 왕상 2:26을 참고하라). 그의 아버지는 힐기야(Hilkiah)라고 했다(1:1). 예레미야는 아직도 상당히 젊었을 때 부름을 받았다(1:6 - 여기서는 "아이" 〈child〉라는 말이, 삼하 18:5에서는 "젊은 이" 〈young man〉라고 번역된 것을 주목하라). 아마도 부르심이 왔을 때, 25세 이하였을 것이다. 분명히 그는 처음엔 아나돗(Anathoth)에 살았던 것 같다(예루살렘 북쪽 3마일). 그러다가 예언들을 하기 위해 예루살렘 시로 왔다. 그러나 도시민들과, 심지어는 그 자신의 친족들까지 그의 삶에 대해 반대를 하였지만, 그는 예루살렘으로 옮겼다(11:21;12:6). 그는 여호와의 명령을 따라, 이름을 밝히지 않고 머물러 있었다(16:1,2).

예레미야는 백성에게 매우 인기가 나빴다. 왜냐하면 그는 예루살렘이 바벨론 사람들에게 함락될 것이므로, 느부갓네살(Nebuchadnezzar)에게 항복할 것을 권고했다. 그는 느부갓네살로 말미암은 마지막 전복 때까지, 크게 박해를 받았다(18:18; 37:15; 38; 40:1). 그 때 그는 바벨론에서의 보호와 주택의 제안을 받았지만, 그는 자기 나라를 떠날 것을 거부했다. 그는 느부갓네살이 임명한 총독 그달랴(Gedaliah) 때까지, 남은 백성(the remnant)과 남아 있다가 살해됐다. 예레미야의 충고를 어기고 남은 백성은, 요하난(Johanan)의 통솔 하에, 예레미야를 강제로 데리고 애굽으로 도망했다(43장~44장). 전설이 전하기를 그는 애굽에서 죽었다고 하며, 한 기록에 따르면 그는 거기서, 돌에 맞아 죽었다 한다.

2. 수신자들

본서의 주된 내용(2장-45장)은, 유다와 예루살렘에 대해 기록한 것이다(2:2; 4:3; 6:1; 7:1 등). 북쪽 왕국은 이미 포로로 잡혀갔다. 또한 예레미야가 "열방의 선지자"(a prophet unto the nations 〈1:5〉)라고 불렀다. 그의 사역의 완수는, 46장~51장에 나타났는데, 그는 다른 열 나라에 반대하는 예언들을 했다.

3. 기록 연대

예레미야는, 선한 왕 요시야(Josiah) 통치(1:2) 13년에 예언하기 시작해서, 마지막 왕 시드기야(Zedekiah)(1:3) 통치 마지막까지, 그리고 시간을 뛰어넘어 애굽에서 사역했다. 이렇듯 그는, 이 왕들의 통치 동안, 그리고 시드기야(Zedekiah)의 패망까지, 약 40년을 넘게 예언했다(이것은 이 책의 마지막 날에 미루어〈52:31〉 판단해, 그의 사역 총 연수는 26년이었을 지도 모른다). 이것은 주전 약 625-586년이거나, 아마도 주전 560년까지였을 지 모른다.

4. 본서의 기록 목적

예레미야는 선한 왕(요시야, Josiah)의 통치 동안 예언했으며, 그 왕의 행정 기간 동안에 성전이 수리됐고, 우상숭배가 폐지됐다(대하 34장). 뒤를 이은 왕들의 통치 동안, 개선은 공개적으로 하향적이었다(3:6-10). 그래서 예레미야는 파멸 이전에(7:2-7), 여호와로부터의 마지막 호소를 내리도록 위임을 받았다. 그는 예루살렘과 유다에게 오고 있는 불가피한 운명(7:13-16)을 광고해야만 했으며, 그것도 느부갓네살과 바벨론의 손에 의해 그렇게 되리라는 것이었다(21:1-10). 그가 가져와야 했던 슬픈 소식은, 그에게 커다란 박해를 가져왔으며, (9:1을 보고, 또한 애가를 보라). 그러므로 그는 "곡읍(哭泣=우는)하는 예언자"(the weeping prophet)라고 일컬어지고 있다. 그에게는 또한 주변에 있는 나라들에게 내리는, 심판의 영적 메시지도 있었다. 그러나 그의 영적 메시지에는 보다 밝은 면도 있었다. 그이 만이 바벨론 포로 기간을 70

년으로 한정했으며(25:11; 29:10), 또한 놀라운 새 언약(a wonderful new covenant)(31:31-34)에 대해서 말한다.

5. 주제

유다의 죄악성이, 바벨론 포로의 운명을 가져온다.

6. 본서의 요절(21:7,14)

열쇠가 되는 단어들: "죄악"(Iniquity) - (범죄하다, 범과하다, 범과) - 53회; "포로"(captive)(포로로 잡혀 감〈captivity〉) - 51회; "흩어지다"(scatter) - 14회; "악"(evil) - 81회;(백성이 저지르는 악을 가리킴과 아울러, 하나님께서 그들에게 내리실 재난도 가리킨다).

예레미야의 개론

1. 예언자를 부르시고 능력주시다(1장)

2. 유다가 정죄 받고, 바벨론 포수(捕囚=포로)가 예고되다(2장 ~ 29장)

2장 - 나라가 여호와를 저버린 것과 신들(=우상들)을 섬기는 것 때문에 정죄 받다.

3장 - 이스라엘이 패망하는 것을 유다가 보고도 조심하지 않았지만, 여호와께로 돌이키자, 장래 강복이 약속되다.

4장 - 파멸이 전국에 임하겠지만, 여호와께서 "완전한 끝장이 나게는 아니하실 것"이다.

5장 - 한 강력한 나라가 그 땅을 짓밟겠지만, 유대 사람들이 완전히 멸종되지는 않을 것이다.

6장 - 유대 사람들이, 북쪽으로 부터의 이 사나운 적을, 막아낼 수 없을 것이다.

7장 - 유다에 대해 마지막 호소를 했지만, 예언자는 그들이 듣지 않을 것이라는 경고를 받았다.

8장 - 거짓 지도자들 - 심지어는 현인들, 예언자들, 그리고 제사장들까지 - 백성을 그릇된 길로 인도했다.

9장 - 땅은 황폐해지고, 백성은 각 나라에 흩어지게 될 것이다.

10장 - 우상들은 아무것도 아니지만, 여호와께서는 나라들의 크신 왕이시다; 예언자의 기도.

11장 - 나라는 하나님의 언약에 불순종했으며, 따라서 만군의 여호와(the Lord of the hosts)로부터 그들에게 해를 입힐 악이 선고됐다.

12장 - 예언자의 불평; 이스라엘의 악한 원수들에 대한 심판이 선고되다.

13장 - 썩은 베띠(linen girdle) 표지들.

14장 - 가뭄에 관한 예레미야의 예언.

15장 - 유다를 위해 중재(仲裁)하는 것은 무익하다. 불가피하게 심판은 오고 있다(14장의 예언의 계속).

16장 - 곧 다가올 두려운 심판의 표지로, 예레미야가 독신으로 머물러 있다. 그러나 이산(離散)의 위협은, 장래 회복의 약속이다.

17장 - 하나님의 율법이 아니라 유다의 죄가 그들의 마음에 새겨졌다; 하나님께서는 그들의 행동들에 따라서 갚으실 것이다. 그들이 안식일들을 모독하는 죄가, 특히 언급됐다.

18장 - 도자기와 진흙이, 유다 사람들이 하나님께로 돌아오라고 하는 호소의 기초로 사용됐으나, 그들은 거부했다.

19장 - 깨어진 도자기가, 유다와 예루살렘에게 다가올 멸망의 표지로 사용됐다.

20장 - 예레미야가 바스훌(Pashur)에 의해 착고(着錮, the stocks,= 족쇠)에 채워졌으며; 예레미야가 여호와께 불평하다.

21장 - 유다의 마지막 왕 시드기야(Zedekiah)에 대한 예레미야의 예언;

그 도시가 바벨론의 손에 넘어갈 것이다.

22장 - 여호야김(Jehoiakim) 왕에 대한 경고, 메시지, 본장은 시간적으로 21장보다 약간 앞선 시점에 속한다. 유다의 지난 다섯 왕들의 역사를 주목해보라; 선한 왕 요시야(Josiah) 이후에, ① 그가 죽고 난 뒤, 그의 아들 여호아하스(Jehoahaz), ② 22장 11절의 살룸(shallum)이 왕이 됐지만, 애굽에 포로로 잡혀가기 전, 다만 석 달만 통치했다. ③ 그리고나서 그의 악한 형제 여호야김(Jehoiakim)이 왕이 되어 11년간 다스렸다(18). 그 다음 그의 아들(여호야김의)이 다스렸고. ④ 고니야(Coniah)(24)가 석 달을 약간 넘게 다스리다가, 느부갓네살에 의해 바벨론으로 잡혀갔다. ⑤ 그리고나서 요시야의 셋째 아들 시드기야(Zedekiah)가(21장), 예루살렘의 마지막 패망 이전까지, 11년간 다스렸다.

23장 - 이스라엘의 지도자들 - 왕들, 예언자(=선지자)들, 그리고 제사장들에 대한 정죄가 있기는 하지만, 그것과 더불어 메시야 아래에서의 장래 회복과 강복의 약속도 함께 한다.

24장 - 두 광주리의 무화과의 표지.

25장 - 바벨론이 심판을 받게 될 후까지의, 포로생활이 70년 동안 지속될 것이다. 예레미야는, 나라들에 대한 하나님의 진노의 잔(the cup of God' s fury)이 주어질 것에 대해 예언하겠는데; 이 예언은 바벨론 정복을 넘어, 최종적인 여호와의 날(the final Day of the Lord)까지를 내다본다.

26장 - 제사장들과 거짓 예언자들이 예레미야를 죽이려고 시도하나, 그는 왕들과 백성에 의해 구원 받는다.

27장 - 얽매임들과 멍에들의 표지.

28장 - 거짓 예언자가 질책을 당하다.

29장 - 바벨론으로 포로 되어 갈 첫 집단에 대한 영적 교훈.

3. 회복이 약속되다(30장 ~ 33장)

30장 - "야곱의 환란의 때"(the time of Jacob's trouble) 이후에, 이스라엘이 회복되리라(즉, 큰 환란〈the Great Tribulation〉 후에).

31장 - 새로운 언약 아래, 이스라엘이 복을 받을 것이다.

32장 - 하나멜(Hanameel)의 밭을 사라는 표지.

33장 - 이스라엘과 유다가, 메시야의 통치 아래서 회복될 것이다.

4. 예언된 심판이 가해지다(34장 ~ 44장)

34장 - 시드기야(Zedekiah)가 어느 정도의 자유를 부추김으로써, 국민의 사기(士氣)를 강화하려고 시도하지만 실패하다.

35장 - 레갑 족속(Rechabites)이 그들의 조상에게 바친 순종이, 불순종한 유다를 부끄럽게 하다.

36장 - 여호야김(Jehoiakim)이 예레미야의 경고를 비난하다.

37장 - 예레미야가 왕족들에 의해 토옥(土獄)에 감금됐지만, 시드기야(Zedekiah)에 의해 구출됨.

38장 - 예레미야가 진흙 감옥에 던져졌으나 에티오피아 사람 에벳멜렉(Ebed - melech)에 의해 구출됨.

39장 - 바벨론이 예루살렘을 마지막으로 전복할 때, 예레미야가 그들에 의해서 구출되다.

40장 - 남은 자들이, 예루살렘 패망 후, 총독 그다랴(Gedaliah)를 중심으로 모이다.

41장 - 이스마엘(Ishmael)이 그다랴를 살해했지만, 요하난(Johanan)이 그를 도망가게 함.

42장 - 남은 자들이 예레미야에게, 그들이 그 땅에 남아 있어야 하는지, 혹은 애굽으로 도피해야 하는지를, 여호와께서 지시해 주시기를 말씀해 주시도록 요청하다.

43장 - 남은 자들이 하나님의 말씀을 배척하고 애굽으로 도망하되, 예레미야를 연행했다.

44장 - 예레미야가 애굽에서 유대 사람들을, 그들의 우상숭배 때문에 꾸짖다.

5. 이방 나라들에 거슬리는 예언들(45장 ~ 51장)

45장 - 괄호 안에 넣고 보아야 할 사태 - 예레미야의 비서 바룩(Baruch)에 대한 위로의 표지.

46장 - 애굽에 내릴 심판.

47장 - 불레셋 사람들(Philistines)에게 내릴 심판.

48장 - 모압(Moab)에게 내릴 심판.

49장 - 암몬(Ammon), 에돔(Edom), 다메섹(Damascus), 그달(Kedar) 및 엘람(Elam=페르샤)에게 내릴 심판.

50장 - 바벨론에 대한 심판, 그 때에 유대 사람들에 대한 회복이 있을 것이다.

51장 - 바벨론의 심판에 대한 추가적인 정보(메데. 바사 사람들〈the Medes and Persians〉에 의해 이루어졌지만, 아마도 "큰 바벨론" 〈Babylon the Great, 계 17,18장〉의 멸망을 예언하는 것 같다.)

6. 부록(52장)

유다 포로의 요약: 시드기야의 통치 때부터 시작해서, 예루살렘 멸망 후 26년째 되는, 한 시점까지 지속됨.

예레미야애가

서 론

1. 저자

저자의 이름이 본서 자체에는 기록되지 않았지만, 주전 3세기까지 되돌아가는 매우 강력한 전설에 따르면, 예레미야가 본서의 저자인 것으로 되어 있다. 70인 역은 다음의 진술과 더불어 시작하고 있다: (히브리어 구약성경에서는 발견되지 않는다) "이스라엘이 포로로 함락되고, 예루살렘이 황폐화되자, 예레미야가 앉아서 울며, 아래와 같이 말하면서 애곡했다 …" 본서는, 예루살렘이 바벨론 사람들에 의해서 패망하는 것을 목격한 사람에 의해서 기록된 것이 분명한데, 예레미야야 말로 분명히 그 사람이었다. 내용적으로 이 짧은 책과 예레미야의 예언 사이에 유사점들이 있는데, 그러므로 의심의 여지 없이, 그는 애가의 저자였을 것이다.

2. 수신자들

유다와 예루살렘 - (2:13; 3:40-41, 등). 에돔(Edom) - (4:21,22; 예루살렘의 패망을 목도한 모든 자들 - (1:12;). 여호와 - (1:20; 2:20, 등).

3. 기록 연대

기원전 약 586년경.

4. 본서의 기록 목적

예루살렘의 멸망 - 죄로 말미암아 온 멸망과, 하나님의 백성의 반역에 대한, 예언자의 마음의 슬픔을, 그리고 하나님의 백성의 반역에 대한 슬픔을 나타내기 위한 것이다. 이러한 식으로, 하나님께서 그분의 백성을 징계하시지 않을 수 없으신 그 마음의 슬픔을 우리가 조금이나마 이해할 수 있는 것이다. 히브리서 12장 5절,6절,11절에서 가르치는 신약성경의 가르침은, 부분적으로 이 책에 설명됐으며, 여호와의 징계의 정당한 "행사"의 길이, 유대 사람들에게 하나의 표본으로 주어졌다.

5. 주제

예루살렘의 황폐에 대한 탄식.

6. 본서의 요절(1:1)

열쇠가 되는 단어들: "시온"(Zion) - 15회;(그 땅의 영적인 중심지로서의 예루살렘을 말한다.) "예루살렘" - 7회; "황폐" - 7회.

예레미야애가의 개론

1. 예루살렘의 고난과 참상(慘相)(1장)
2. 시온의 파괴는, 여호와께로부터 내린 심판이다(2장)
3. 예언자의 고난(3장)(예레미야는 그리스도의 모형 〈a type of Christ〉 이었는데, 주님께서도 예루살렘을 내려다보시고 우셨다)(눅 19:41)
4. 현재의 황폐가, 지난날의 영예와 대조되다(4장)
5. 하나님께서 자비를 내려주시기를 호소하다(5장)

에스겔

서 론

1. 저자

에스겔("하나님께서 강하게 하시리라" - God will strengthen)이다. 그는 예레미야와 마찬가지로 제사장이었다(1:3). 그의 아버지는 부시(Buzi)였다. 그는 바벨론에서 사역했는데, 그는 그곳에 포로로 잡혀 갔으며, 아마도 여호야긴(Jehoaichin)과 더불어 였던것 같은데, 그것은 그의 모든 예언들이, 이 왕의 포로 때와 일치하기 때문이다(1:1; 왕하 24:14,15를 참고하라). 이렇듯 그는 주전 598년에 포로로 잡혀 갔는데, 때는 다니엘(Daniel)이 바벨론으로 잡혀 간지 8년째 되며, 예루살렘이 최종적으로 망하기 12년전(겔 38:21) 이었는데, 그때에 시드기야(Zedekiah)가 바벨론으로 잡혀갔다. 그는 바벨론으로 잡혀갔을 때 25세 였던것 같으며, 그의 소명을 받은 것은 30세였다(1:1,2). 이 나이는 제사장들이 흔히 자기들의 법 직무를 담당하는 때였다(민 4:1-3).

2. 수신자들

이스라엘 자손들(2:3; 3:1), 특히 이미 포로생활을 하고 있던 그들(3;11; 11:25), 또한 이방 사람들에 대한 영적 교훈들(이를테면, 25:3; 27:3).

3. 기록 연대

에스겔은, 여호와긴(Jehoiachin)이 포로로 잡혀 간지 제 5년에, 예언하기 시작했다(1:2). 에스겔서의 마지막 날은 제 27년이다(29:17). 이렇듯, 적어도 그는 22년 동안 예언했다(주전 593-571년).

4. 본서의 기록 목적

본서의 첫 부분(1장~24장)은, 예루살렘의 마지막 함락 이전에 기록됐다. 그와 함께 포로로 끌려간 자들은, 예루살렘이 빼앗긴다거나, 성전이 파괴되리라고 결코 믿지 않았다. 에스겔은, 이 심판들이 있으리라는 것과 또한 그 이유를, 그들에게 제시하는 불쾌한 과업을 가지게 됐다. 거기에 보태어 그는, 그 주변의 이방 나라들에게, 그들 나름대로의 불가피한 심판을 제시하는 일을 임명 받았다. 그러나 예루살렘이 함락한 후에는 에스겔의 사역이, 이스라엘의 장래 회복과, 도래할 예루살렘의 영광을 나타내는 것으로, 절정에 달했다.

5. 주제

이스라엘 자녀들의 포수(=포로) 및 그들의 영광스런 회복.

6. 본서의 요절(36:17-19, 24-28)

열쇠가 되는 단어들: "그리고 너희(And ye〈또는 그들, 혹은 그대, they 또는 그대 thou, 등등〉)는 내가 여호와인줄 알리라"(shall know that I am the Lord) - 70회; "인자"(Son of man) - 91회;(이 표현은 그리스도 자신에 관해 79회 사용됐다). "에스겔이 사용한 그대로, 이 표현은 그 자신을 가리키는 표현이 아니라, 하나님께 대해 사용한 말이다; 하나님의 아들(a son of God)에 대해서이다. ① 택하심 받으심. ② 성령님이 부여됨(endued with the Spirit). ③ 하나님께로부터 오심(sent of God). 그리고 또한 이것들은 모두 그리스도께 해당되는데, 그분께서는 또한 대표적인 사람(the representative man)이시며, 거듭난 인생의 머리이시었다"(스코필드〈Scofield〉).

에스겔의 개론

1. 유다와 예루살렘에 대한 심판(1장 ~ 24장)(이 예언은 예루살렘 함락 전에 주어짐.)

1장 - 에스겔이 하나님의 영광의 환상을 보다. 환상에 대한 관건이 되는 단어는 "같은것"(likeness)이라는 것이다. …그것은 "같은 것"(a likeness), 비슷한 것, 하나의 비유, 하나의 그림이다. 그는 아무도 보지 못한 것을 본 것이 아니라, 그는 여호와의 환상들을, 비슷한 것의 형태(in the form of likeness)로 보았다(캠벨 모건, Campbell Morgan). 어느 인간의 마음도, 그 정밀하고 세밀한 묘사를 가시화(可視化) 할 수 없다(아이언 사이드, Ironside).

2장 - 에스겔이 위임 받다.

3장 - 에스겔이 두루마리(roll)를 먹고, 파수꾼(a watchman)이 되다.

4장 - 표지들: 박석(薄石, tile), 운제(雲梯, posture), 및 썩은 떡(defiled bread).

5장 - 에스겔이 머리와 수염을 깎음으로 보인 표지.

6장 - 이스라엘의 산들에 반대하는 예언.

7장 - 이스라엘 땅에 반대하는 예언.

(8장~11장은 예루살렘의 환상들을 포함하는데, 심판의 필요성을 보여 준다).

8장 - 성전에서의 모독적인 행동들의 환상.

9장 - 먹 그릇(the inkhorn)을 찬 사람의 환상.

10장 - 예루살렘에 퍼진 화재의 환상.

11장 - 악한 왕들과, 떠나간 영광의 환상 - 그러나 또한 심판 후의 회복의 약속.

12장 - 예언자가 제거되는 환상.

13장 - 거짓된 예언자들에게 반대하는 예언.

14장 - 우상숭배 하는 장로들에 대해 반대하는 예언.

15장 - 열매 맺지 못하는 포도나무의 비유.

16장 - 간음을 일삼는 여자(예루살렘)에 대한 비유.

17장 - 두 마리의 솔개에 대한 비유.

18장 - 여호와께서 "신 포도들"(sour grapes)에 대한 격언을 물리치시고, 개인적인 책임을 가르치시다.

19장 - 군주들과 나라에 대한 탄식.

20장 - 여호와의 선하심과 이스라엘의 실패. 1-9은, 아직도 이스라엘이 애굽에 있을 때의 죄들이고, 10-17은, 이스라엘이 애굽를 떠난 다음에, 광야에서 저지른 죄들이다. 18절-26절은, 이스라엘이 가나안(Canaan)으로 들어간 후에 저지른 죄들이다. 27-32은, 이스라엘이 땅에 들어와 저지른 죄들에 대한 회개. 33-44은, 이스라엘의 장래 심판과 회복. 45-49은, 남쪽 땅(유다)에 있는 숲을 화재가 사르리라는 것.

21장 - 여호와의 칼(the sword of the Lord).

22장 - 예루살렘의 죄들의 기록.

23장 - 오홀라(Aholah,〈"그녀의 장막" -사마리아〉)와, 오홀리바(Aholibah,〈"나의 장막이 그녀 안에 있다" - 예루살렘〉)의 비유.

24장 - 마지막 표지들: 끓는 가마(the boiling pot; 에스겔의 아내가 죽다).

2. 이방 나라들에 대한 심판(25장 ~ 32장)

25장 - 암몬(Ammon). 모압(Moab), 에돔(Edom), 불레셋(Philistia)에 대한 심판.

26장 - 두로(Tyre)에 대한 심판.

27장 - 두로의 영광과 몰락으로 말미암은, 그 나라를 위한 탄식.

28장 - 두로의 왕이 책망 받다; 두로 왕을 위한 탄식(즉, 악한 세력인 사탄〈Satan〉이 이 왕자의 배후에 있었다).

29장 - 애굽에 대한 심판.

30장 - "여호와의 날"(the Day of the Lord)에 있어질, 애굽의 황폐.

31장 - 바로(Pharaoh)와 그의 백성에 대한 심판.

32장 - 바로와 애굽에 대한 탄식.

3. 이스라엘의 회복과, 예루살렘의 장래 영광(33장 ~ 48장)

33장 - 예루살렘의 함락(또한 포로 살이를 하고 있는 유대 사람들에 대한 훈계들이 포함돼 있다).

34장 - 그들의 크신 목자(their Shepherd)께서, 이스라엘을 재규합 하시고 회복하시다.

35장 - 이두미야(Idumea,-에돔〈Edom〉)에 대한 심판.

36장 - 이스라엘의 회복과 개종(conversion).

37장 - 마른 뼈들(dry bones)의 골짜기와 두 막대기(two sticks).

38장 - 마곡에 속한 곡(Gog, of Magog)이, 후일에 이스라엘을 공격하다.

39장 - 하나님의 대행자(divine agency)의 역할에 의해, 곡(Gog)이 완전히 패배하다.

최종의 환상들이(40장~48장), 성전 붕괴 후 13년에 주어졌으며, 새로운 성전에 대해서, 그것이 세워질 가능성이 오기도 전에 언급한다.

40장 - 천년기 성전(the millennial temple)의 환상.

41장 ~ 42장 - 성전의 세밀한 설명.

43장 - 여호와의 영광이, 성전을 채우기 위해 돌아옴.

44장 - 성전에서의 제사장 직분의 규칙들.

45장 - 제사장들과 군주의 땅의 배분.

46장 - 군주 및 백성의 예배와 헌물들.

47장 - 성전에서 흘러나오는 치유의 강(the healing river); 땅의 경계들.

48장 - 12지파들에게 땅이 분할되다(7지파는 예루살렘 북쪽에, 5지파는 남쪽에); 여호와께서는 예루살렘에 계시다.

주(註): "왕자"(the prince)는 그리스도가 아니라 가사적인 인간(可死的 人間, a mortal man)이다(이 왕자는, 45:22; 46:16-18; 46:2; 45:9-11에서 세워졌다).

다니엘

서 론

1. 저자

다니엘(Daniel - "하나님은 나의 재판장이시다" 〈God is my judge〉) (7:1; 8:1; 9:2; 10:1-2 등). 느부갓네살(Nebuchadnezzar), 벨사살(Belshazzar), 다리우스(Darius) 및 고레스(Cyrus)(주전 약 618년-584년 동안 통치). 다니엘은 또한 에스겔 14장 14절,20절과 28장 3절에서 현명하고 의로운 사람으로써 또한 언급됐다. 그의 책은 신약성경에서, 여러 차례 언급됐다(마 24:15; 막 13:14를 특히 주목하라). 다니엘은 바벨론으로 끌려간 첫 포로들 가운데 있었다(1:1,3,6). 그는 바벨론과 페르시아 양국에서 다 같이 저명했다(2:48; 5:29; 6:1-3,28을 보라).

2. 수신자들

특별히 기록되지 않았음. 다니엘 2장 4절에서 7장 28절까지는, 아람어(Aramaic)로(이 당시 바벨론에서 사용되던 말이었으니만큼, 명백히 그들 뿐 아니라 유대 사람들까지라도, 사용하도록 했던 것 같다) 기록됐다. 나머지 부분은 히브리어로 쓰였는데, 특히 이스라엘을 위로하기 위해 의도됐기 때문이다.

3. 기록 연대

본서에 기록된 사건들은, 약 72년간의 기간을 다루고 있다: 여호야김(Jehoiakim)(1:1,2)부터 고레스(Cyrus) 통치 제3년까지(10:1), 주전 606-534년까지이다.

4. 본서의 기록 목적

본서의 의도는, 다니엘의 생애의 기록을 남기자는데 있지 않다. 이 책은 그의 족보도, 그의 나이도, 어떤 일을 되뇌이는 일도 없이, 그의 긴 경력의 몇 가지 사건만을 기록한다. 피난민 시대의 이스라엘의 역사를 기록

하려는 생각도 없고, 바벨론에서의 포수(捕囚=포로)에 관해서도 말하지 않는다. 본서의 목적은, 어떻게 그분의 섭리적인 인도하심, 그분의 기적적인 개입(介入)들, 그분의 예지와 전능하신 능력, 곧 하늘의 하나님께서 자연과, 나라들의 역사와, 히브리 포로들의 삶과 땅에 있는 왕들의 가장 능력 있는 자를 보여 주기 위한 것이며, 또한 하늘의 하나님께서, 그분의 종들과 백성을 위한, 그분의 신적이고 유익하신 계획들을, 통제하시고 지시하신다. (로버트 딕 웰슨〈Robert Deck Welson〉-"국제 표준 성경 백과사전"〈International standard Bible Encyclopaedia〉).

"다니엘서에서 우리에게, 주 하나님께서 세상 끝 날까지 다스리시는 능력과 지혜에 대한 계시가 주어졌다" (G.캠벨 몰간〈G. Campbell Morgan〉).

5. 주제

"이교도들의 시대" (the Times of the Gentiles)의 시작, 본질, 방향 및 결과(눅 21:24).

6. 본서의 요절(7:13-14,17,18).

열쇠가 되는 단어들: "왕" - 184회; "왕국" - 55회; "다니엘" - 74회.

다니엘의 개론

1. 역사적인 부분("역사적인 밤" 〈The Historic Night〉)(1장 ~ 6장)

1장 - 왕의 음식과, 신앙을 지킨 히브리 청년들.

2장 - 느부갓네살이, 거대한 형상(the great image)의 꿈을 꾸다.

3장 - 극렬히 타는 풀무가운데 떨어진 충성된 유대 청년들.

4장 - 느부갓네살이 창피를 당하다.

5장 - 벨사살(Belshazzar)과, 벽에 손가락으로 쓰여진 글(the handwriting on the wall).

6장 - 사자굴에 던져진 다니엘.

2. 예언적인 부분("예언적인 빛" 〈The Prophetic Light〉)(7장 ~ 12장)

7장 - 네 짐승과 작은 뿔(the four beasts and a little horn)의 환상.

8장 - 산양(the ram - 페르시야) 및 염소(goat - 그리스)의 환상.

9장 - 다니엘의 기도와, 70주간(the 70 weeks)의 환상.

10장 - 하나님의 영광의 환상.

11장 - 페르시야, 그리스 및 "끝의 시대"(the time of the end)에 관한 예언들.

12장 - 대환난과 회복.

호세아

서 론

1. 저자

호세아(Hosea)라는 이름은 "구원"(salvation)을 뜻한다; 여호수아(Joshua)의 원래 이름과 같다(신 32:44); 또한 이스라엘의 마지막 왕의 이름과 같다(왕하 17:1-6). 그의 아버지는 브에리(Beeri)였다(1:1). 그의 결혼의 역사 이상으로, 우리는 호세아를 개인적으로 전혀 모른다.

2. 수신자들

본래는 북쪽 왕국 이스라엘에 대한 것이었는데, 어떤 때는 에브라임(Ephraim)이라고 불렀다(1:1,4-6; 4:1; 5:1 등등). 그렇지만, 때때로 남쪽 왕국인 유다에 대해서도(아모스〈Amos〉) 경고했다(4:15; 5:5,10; 5:12 - 14 등등).

3. 기록 연대

이스라엘의 여로보암 2세(Jeroboam II)(예후〈Jehu〉의 증손)의 통치 동안과, 웃시야(Uzziah), 요담(Jotham), 아하스(Ahaz) 및 히스기야(Hezekiah)가 유다를 통치하는 동안에 기록됐다. 주전 785-725년 사이에 쓴 것인데, 그는 앗수르가 북 왕국을 포로로 잡아가기 전에 기록했다. 그리고 앗수르에게 잡혀간 것은, 유다의 히스기야(주전 721년)의 통치 초기 동안에 일어났다. 호세아는 아모스(Amos)와 동시대 사람(그러나 나이가 젊었고)이었으며, 이스라엘의 미가(Micah) 보다는 연장자였으며, 유다의 이사야(Isaiah)와는 엇비슷했다.

4. 본서의 기록 목적

영적으로 말하면, 이스라엘은 여호와의 아내(Jehovah's wife)였다. 그러나 여로보암 1세(Jeroboam I) 이후, 이스라엘은 하나님께 점점 더 불충하게 됐으며, 우상숭배와 죄악에 더욱 더 깊이 빠져 들어갔다. 따라서 호세아는, 여호와께서 자기의 불충한 아내를 징계하실 것이라는 것을 알리실 수밖에 없으셨지만, 결국 그분께서는 자기의 불충한 "아내"를 아프게 다스리실 것이지만, 결국에 가서는 그녀를 속상(贖償)하셔서, 강복의 위치로 회복하실 것이라는 것이다. 이것이 호세아의 개인적인 경험으로 예증(例證)됐다.

5. 주제

불충(=부정〈不貞〉), 징계 및 회복.

6. 본서의 요절(3:1; 2:13-16)

열쇠가 되는 단어: "행음"(行淫, whoredom) - 14회; "창녀의 행동이란, 하나님께 대한 우상숭배 및 불충이다"(웹스터,〈Webster〉).

호세아의 개론

1. 이스라엘의 불충(=부정〈不貞〉)이, 호세아의 결혼에 의해 예시되다(1장 ~ 3장)

1장 - 예언자의 가족관계들은, 여호와께 대한 이스라엘의 관계에 대한 그림이어야 한다. 본장은 이스라엘의 퇴락과, 장래의 회복을 묘사한다.

2장 - 여호와께 버림받은 아내인 이스라엘은 버림받아 징계를 받겠지만, 결국은 회복될 것이다.

3장 - 호세아를 떠났던 부정한 아내는, 다시 데려와 지기는 했지만, 아내로서의 완전한 그녀의 위치로 회복되기까지, "여러 날 동안" 갇혀 있어야 했다; 현대 이스라엘의 그림이자 상황이라 할 것인데, - 우상숭배를 하는 것은 아니지만, 왕도 없고, 그렇다고 해서 그들의 옛 종교적 문서를 따르는 것도 아니다. 그들은 결국 이 종교를 따라야만 한다.

2. 이스라엘의 불충이, 문자 그대로 묘사되고 정죄 받다(4장 ~ 13장)

4장 ~ 5장 - 여호와께서, 이스라엘의 백성, 제사장들 및 왕자들과 알력을 빚으심 - 그 땅에는 전혀 진리도, 자비도, 하나님께 대한 지식도 없기 때문에 하나님께서 잠시 동안 그들을 모른척 하셨다.

6장 - 그들은 하나님과 맺은 그들의 언약을, 가증하게 파기했다.

7장 - 이스라엘이 하나님으로부터 돌아섰기 까닭에, 그들에게 저주가 선고되다.

8장 - 이스라엘이 그를 만드신 분(his Maker)을 저버렸다; 그가 바람을 뿌렸으니, 미친바람(whirlwind)을 거둬야 한다.

9장 - 그들이 하나님의 말씀 듣기를 거부했기 때문에, 그들은 "나라들 사이에 방랑자들"(the wanderers among the nations)이 될 것이다.

10장 - 그들의 왕통은 완전히 끊어질 것이다(30년 후에 성취됐다).

11장 - 그들의 배신에도 불구하고, 이스라엘을 위한 하나님의 부드러우신 사랑.

12장 - 그들의 피가 그들의 머리들 위에 머물러 있다.

13장 - 그들은 죄악 가운데로 더욱 더 깊이 빠져들어 감으로써 그들 자신을 파멸해 버렸는데 - "사마리아가 황폐해버릴 것이다."

3. 심판 이후의 장래 강복의 약속(14장)

요 엘

서 론

1. 저자

브두엘(Bethuel)의 아들 요엘(Joel)(1:1). "여호와는 하나님이시다"(Jehovah is God)가 이름의 뜻이며, 사도행전 2장 16절(그가 예언자라는 것을 확인해 주지만)을 제외하고는, 성경에 다른 언급이 전혀 없다.

2. 수신자들

그 땅의 모든 주민들(1:2). 3장 1절,17절 같은 것에서 미루어 볼 때, 분명히 유다 땅을 언급하고 있다. 3장 2절에 나오는 이스라엘은, 12지파 모두에 대한 예언적인 언급이다. "늙은 사람들"(1:2), 농부들, 포도원 농사꾼들(1:11)과 제사장들(1:1-13)이 언급됐다.

3. 기록 연대

불확실하다. 그러나 아마도 일찍이 기록된 듯한데, 앗수르나 바벨론에 대한 언급이 없기 때문이다. 그러나 두로(Tyre), 시돈(Sidon), 블레셋 사람들(the Philistines) 및 애굽(Egypt)이 이스라엘의 주적(主敵)들로 묘사되고 있다. 아마도 주전 838-756년경에 기록된 듯하다.

4. 본서의 기록 목적

곡식을 갈아 먹는 두려운 메뚜기 떼(devouring locusts)의 재앙이, 생생하게 묘사됐다. 그것은 하나님께로 부터의 심판이다. 백성이 여호와를 부르며, 그분께로 돌아오도록 권고를 받았다. 그러나 이 메뚜기의 재앙들은, 영적인 중요성을 보여 주고, "여호와의 날"(day of the Lord)이 올 것을 미리 보여 주는데, 그 때에 이방인들이 심판을 받을 것이며, 이스라엘은 복을 받을 것이다. 2장부터 시작해서 문자 그대로 메뚜기의 재난이 배경으로 남아 있으며, 장래 "여호와의 날(the day of the Lord)을 미리 보여 준다.

5. 주제

여호와의 날. 현재는 어떤 의미에서는 "사람의 날"(man' s day)이다(고전 4:3). 장차 여호와께서는 "자기의 날"(His day)을 가지실 것인데, - 그것은 24시간의 하루의 기간이 아니라 그리스도의 재림(the return of Christ)과 더불어 시작되는 시간으로서, 심판이 그전에 이미 시작됐으며, 그분의 통치 1000년 동안 계속될 것이다.

6. 본서의 요절(2:28-32)

열쇠가 되는 단어: "여호와의 날"(Day of the Lord) - 5회.

요엘의 개론

1. 여호와의 장래의 날(the Future Day of the Lord)이, 메뚜기의 재앙에 대해서, 미리 보여지다(1장)

메뚜기의 재앙이 묘사되다(1:11-12). 백성이 회개하라는 호소를 받다(13-14). 여호와의 날이, 곤충의 재앙에 의해, 여호와의 날이 예고되다(15-20).

2. 여호와의 장래에 할 날의 사건들(2장)

북쪽 군대의 접근 때문에, 이스라엘이 공포에 휩싸인다(1-10). 여호와의 군대가 침입자를 위해 준비되다(11). 그날에 백성의 회개(12-17). 여호와께서 그분의 백성을 건져내시고 복을 내리시다(18-27). 성령님의 약속(28-32)이, 오순절(五旬節, Pentecost)과 현 세대 동안에 이루어지고 있지만, 재림 때에 완전히 성취될 것을 기다리고 있다.

3. 여호와의 날의 사건들의 순서(3장)

이스라엘의 재규합(1). 여호사밧 골짜기(valley of Jehoshaphat)에서 나라들을 심판하다(2-15), 이스라엘을 위한 왕국의 강복(17-21).

아모스

서 론

1. 저자

아모스(Amos). 이름의 뜻은 "짐"(burden)이다. 여호와께서 특별히 부르실 때까지, 그는 "목자"(a herdman)이었다(1:1; 7:14-15). 그는 양치는 자(a cattleman)였기 때문이다(3:12). 그는 또한 자기 자신을, "뽕나무를 배양하는 자"(gatherer of sycamore fruit)(7:14)라고 했는데 - 여기서 뽕나무라고 한 것은, 가난한 자들만이 먹는 열매였다. 그는 베들레헴(Bethlehem) 동남쪽 6마일에 있는, 유다 동내인 드고야(Tekoah)에서 왔다.

2. 수신자들

이스라엘(1:1). 이것은 북쪽 왕국이다. 그것은 아모스가 성경구절에서. 이스라엘과 유다를 구별하고 있기 때문이다. 이스라엘에 대한 많은 언급들이 있다; 2장 6절,11절; 4장 12절; 5장 1절,4절. 북 왕국의 성읍들이 또한 여러 차례 언급됐다; 베델(Bethel)과 길갈(Gilgal)이 우상숭배의 중심지들로서 언급됐다. 그러나 영적 메시지는, 남 왕국에 대한 경고이기도 하다(3:1; 2:4-5; 6:1).

3. 기록 연대

주전 810년과 785년 사이 웃시야(Uzziah)가 유다에서, 여로보암 2세(Jeroboam II)가 통치하고 있었던 때인 것 같다. 이렇듯 아모스는 호세아(Hosea - 이스라엘)와 동시대 사람이었던 것 같고, 아마도 요엘(Joel - 유다)과 요나(Jonah - 니느웨)와도 동시대 사람이었던 같다.

4. 본서의 기록 목적

아모스는 예후(Jehu)의 통치 동안, 물질적인 번영의 시대에 살았다. 그러나 이스라엘에 죄들이 많았기 때문에, 두려움 없는 하나님의 종(a fearless man God)의 경고가 필요했다. 여러 해 전에 거명(擧名)되지 않은 예언자와 마찬가지로(왕상 13장), 그는 다음과 같은 죄들에 대해 말하는데, 곧 우상숭배, 사치, 홍청거림, 방탕, 박해, 갈취, 뇌물 주고받기, 불공정이다. 그는 이 죄들 때문에, 이스라엘에 분명히 심판이 내릴 것에 대한 음신을 주었다. 그렇지만 무엇보다도 먼저, 이스라엘 주변에 있는 이교국가들(1:2; 2:3)과 유다에 대한(2:4,5) 심판의 말씀이 있다. 그러나 심판 이후에는 이스라엘에 대한 강복이 있다(9:11-15).

5. 주제

죄에 대한 하나님의 불가피한 심판.

6. 본서의 요절(4:11,12)

열쇠가 되는 단어: "범죄"(transgression〈transgress, 한 번〉) - 8회.

아모스의 개론

1. 나라들에 대한 불가피한 심판(1장,2장)

첫 두 장에서, 이스라엘을 둘러싸고 있는 여섯 이교 국가들에 대한 심판이 선고 된다; 그리고나서 유다와 이스라엘 스스로에 대한 심판의 선고가 내려진다. 마지막 두 영적 계시들은, 처음 여섯 영적 계시들과 같은 형태를 따른다는 것을 주목하라. 하나님은 이스라엘 사람들의 하나님이신 동시에, 나라들의 하나님이시기도 하다는 것 - 그리고 모두가 그분께 책임이 있는 것이다.

(1) 다메섹(Damascus)과 수리아(Syria)에 대한 심판(1:3-5). 이 모든 이방 나라들 때문에 특수한 죄들은, 이스라엘에 대한 학대와 관계 된다(창 12:3; 민 24:9). 수리아는 잔인한 것으로 공격받고 있다.

(2) 가자(Gaza)에 대한 심판(1:6-8). 블레셋(Philistia)의 다섯 분할구와 다섯 수도의 최남단의 것. 여기에 블레셋의 모든 것이 집약돼 있다.

(다른 성읍들 가운데 셋이 8절에 언급됐다.) 정죄 받은 죄는 그들의 노예매매이다.

(3) 베니게(Phonicia)의 주도적인 성읍인 두로(Tyre)에 대한 심판(1:9,10). 그렇게 하지 않겠다고 합의하는 언약에도 불구하고, 그들은 노예매매 거관꾼들(slave agent)로서 행동했다.

(4) 에돔(Edom)에 대한 심판(에돔의 두 성읍 데만(Teman)과 보스라(Bozrah)가 지명되다(1:11,12). 음모어린 증오와 불용서.

(5) 암몬(Ammon)에 대한 심판. (주요 성읍은 랍바(Rabbah)(1:13-15). 잔인한 공략.

(6) 모압(Moab)에 대한 심판(2:1-3). 모압의 주요 성읍은 그리욧(Kirioth)이다. 죄에 대한 언급은 그다지 확실치 않다.

(7) 유다에 대한 심판(2:4,5). 여호와의 율법을 멸시하는 것이 죄목이다.

(8) 이스라엘에 대한 심판(2:6-16). 그들에게는 부패한 법체계(corrupted justice)가 있었으며, 그들은 가난한 자들과 궁핍한 자들을 핍박했다. 불순결과 우상숭배도 또한 언급했다. 그들은 하나님의 예언자들의 말 듣기를 거부했다.

2. 이스라엘의 심판에 대한 보다 더 자세한 진술(3장 ~ 6장)

"이 말씀을 들으라"라는 말씀의 반백을 주목하라(3:1; 4:1; 5:1).

3장 - 이스라엘은 특별한 특권을 가지고 있었다. 그러므로 그 나라는 큰 책임을 지니고 있었다. 하나님께서는 분명히 그들의 죄악들을 처벌하실 것이다.

4장 - 하나님께서는 이스라엘을 경고하시기 위해 여러 가지 방도들을 그들에게 사용하셨지만, 그들은 귀를 기울이지 않았다.

5장 - 이스라엘이 여호와를 찾지 않고, 심판을 피하기를 거부할 것이기 때문에, 그들로 말미암은 탄식.

6장 - 여호와께서 요구하시는 것을 업신여기고, 무감각하고, 사치스럽고, 무관심하게 사는 자들이, 먼저 포로로 잡혀갈 것이다.

3. 심판의 환상들(7:1 ~ 9:10)

(1) 황충(蝗蟲=메뚜기, grasshoppers)의 환상(7:1-3). 아모스의 중보사역(仲保使役)이, 그들을 이것으로부터 건져냄.

(2) 불의 환상(7:4-6).

(3) 다림줄(plumbline)의 환상(7:8,9). (다림줄은 줄 끝에 무게 있는 것을 달아서 수직적인 것을 측정하는 줄). 심판의 상징. 아모스는 이 측정에 전혀 개입하지 않았다. 아브라함이 그랬듯이, 오히려 그는 중재하려고 했다.

(4) 아모스의 입을 봉하게 하려는 시도(7:10-17). 역사적인 부분.

(5) 여름 과일의 환상(8장). 이스라엘이 심판 받을 만큼 썩었다.

(6) 붕괴된 성전의 환상과, 죽음의 예언(9:1-10).

4. 심판 이후에 이스라엘이 가지게 될 천년의 강복(9:11~15)

"그 날에"(In that day), 즉 9장 9절의 체질(the sifting)이 끝난 다음. 천년기에 대한 언급은, 아직도 앞에 남아 있다. 야고보(James)는 11절,12절를 사도행전 15장 13절에서 15절을 인용하면서, 하나님의 장래 계획이라고 말한다. 그런데 이 계획이란 이 현시대에, "하나님이 처음으로 이방인 중에서, 자기 이름을 위한 백성을 취"하실 목적을 이루신(행 15:14) 후에야 이 일을 하신다.

오바댜

서 론

1. 저자

예언자 오바댜(Obadiah)("여호와를 예배 하는 자" 〈worshiper of Jehovah〉). 구약성경에 이 이름을 가진 사람들이 약 12명 기록됐지만, 분명히 1장 1절의 오바댜가 이 특수한 예언자로서 언급됐다.

2. 수신자들

사해(the Dead Sea)의 남쪽에 있고, 에서(Esau)에게서 내려온 나라인 에돔(Edom). 예언 내내 에돔은, 한 나라로서 직접 언급됐다.

3. 기록 연대

아마도 주전 586-585년인 것 같다. 이것은 느부갓네살(Nebuchadnezzar)에 의한 예루살렘 파괴 이후의 결론인 11절에서 14절의 결론에 기초하고 있다. 어떤 경건한 학자들은 이 해석에 동의하지 않고, 본서의 저작 일자를 훨씬 더 빠르게 잡는다.

4. 본서의 기록 목적

예루살렘이 환란 당할 때에 유다에 대한 에돔의 교만과 악독한 대우를 한 그들에게 대해, 심판이 임하리라는 경고를 하기 위해서이다.

5. 주제

에돔에 대한 보복.

6. 본서의 요절(15)

열쇠가 되는 단어들: "에돔"(에서〈Esau〉)라는 단어 - 9회; "자르다"(cut off) - 3회.

오바댜의 개론

1. 에돔의 완전한 파괴가 예언되다(1-9)
2. 이 심판의 주된 원인(10-16)
3. 이스라엘과 시온(Zion)의 장래 귀환(17-21)

요 나

서 론

1. 저자

예언자 요나(Jonah - "비둘기" 〈a dove〉). 그의 아버지는 아밋대(Amittai - "충성되다" 〈faithful〉)이다(1:1). 요나의 이름이 열왕기하 14장 25절과, 마태복음 12장 39절-41절; 16장 4절; 누가복음 11장 29절-32절에서도 언급됐다. 그는 "가드 헤벨"(Gittah-hepher, 〈수 19:13에서〉)이라고 부른 성읍에서 왔다.

2. 수신자들

본서의 기록된 사역은, 앗수르의 주요 성읍 산헤립(Sennacherib)에 의해 만들어진, 거대한 이방 성읍에 대한 것이었다. 본서의 수신자들은 특히 기록되지 않았다.

3. 기록 연대

열왕기하 14장 15절-27절을 13장 4절-7절과 비교해 보면, 사마리아(Samaria)의 여호아하스(Jehoahaz) 통치 동안 요나가 처음 예언한 것을 시사하는 것 같다. 예언은 뒤 이은 요아스(Joash)와 여로보암 2세(Jeroboam II)의 통치 동안에 성취됐다. 이것은 적어도 부분적으로, 요아스(Joash)의 통치 동안에 죽은 엘리사(Elisha)와, 동시대 사람이었다는 것을 뜻한다. 여호아하스(Jehoahaz)는 주전 약 820-804년 동안 통치했기 때문에, 요나는 이 기간 동안에 언저리에서 사역하고, 그의 책을 기록한 것 같다.

4. 본서의 기록 목적

(1) 이스라엘 뿐아니라 이방 나라들에 대한 하나님의 사랑을 보여 주며, 그분께서 하시는 일을 그들 사이에 나타내기 위한 것이다.

(2) 이방 사람들의 구원을 위한 구약성경의 표준을 보여주려는 것이다.

(3) 요나서에 구체적으로 표시된, 이스라엘의 참된 목적을, 나타내기 위한 것이다.
(4) 마지막 시대에 남아 있을 유대 사람들에 대한 증거의, 대표적인 그림을 제공하기 위한 것이다.
(5) 하나님 자신의 불순종한 종을 다루시는 그분의 방법을 보이기 위한 것이다.

형태상 이 책은, 구약성경의 다른 예언서들과 전혀 다르다. 직접적인 예언에 몰두하는 대신, 이 책은 요나가 하나님과 더불어 개인적으로 주고받은 경험을 제공함으로써, 간접적인 방식으로 그 교훈들을 내리고 있다. 수없이 많은 영적인 교훈들이 있다. 이를테면: "의지하고 순종하는 길은, 예수 안에 즐겁고 복된 길이로다"; 하나님의 자비와 사랑은, 모든 사람을 위한 것이다; 하나님의 자녀들은, 무엇보다도 먼저 하나님을 위한 사랑 때문에, 그분께 순종해야 한다.

5. 주제

위대한 이방 성읍은, 예언자 요나의 내키지 않는 전도 아래, 회개하고 하나님께로 돌아온다.

6. 본서의 요절(3:10)

열쇠가 되는 단어들: "준비하다" - 4회; 하나님께서 준비하신 것을 주목하라: 바람(1:4); 폭풍(1:4); 큰 고기(1:17); 박(4:6); 버러지(4:7); 동풍(4:8). 하나님께서는 영혼을 준비하시지 않았지만, 그 목적을 위해서 사람을 부르셨다.

요나의 개론

1. 요나가 하나님의 직접적인 명령에 불순종하다(1:1-3)

2. 요나가 다른 사람들에게, 축복 대신에 재난을 가져오다(1:4-11)

3. 요나가 하나님의 징계하시는 채찍을, 자기 자신에게 가져오다(1:12-2:10)

요나를 집어 삼킨 큰 물고기의 정확성에 관해서는, 마태복음 14장 40절을 보라. "어떤 사람들은 사람이 과연 고기 뱃속에 들어갈 수 있을지 여부를 발견하려는 것을 측정하려는데 너무 바쁜 나머지, 하나님의 깊으심(the depths of Deity)을 측정하지 못한다" - 캠벨 몰간

4. 요나의 순종이, 수천만을 멸망에서 구원하다(3:1-10)

5. 요나 자신의 마음이, 영적인 메시지들에 대한 그의 사랑의 결핍 때문에, 추가적인 징계를 요구하다(4:1-11)

미 가

서 론

1. 저자

예언자 미가(Micah - "누가 여호와와 같으랴?" 〈who is kike unto Jehovah ?〉). 그의 이름이 지닌 사상은 7장 18절에 표현됐다. 그는 모레셋 사람(the Moresthite)이라 불러지고 있다(1:1); 즉 가드 모레셋(Moresheth-gath)(1:14)인데, 예루살렘 남서쪽 약 20마일 지점에 있는 동내이다. 그는 또한 예루살렘의 예언자로서도 언급됐는데(렘 26:17-19). 이 성경구절들은 특히 그가 히스기야(Hezekiah) 시대에 예언한 자로써, 결국에는 평화스런 죽음을 죽었다는 것을 시사하는 것 같다.

2. 수신자들

북 왕국과 남 왕국 - 이스라엘과 유다(1:1,5 등).

3. 기록 연대

미가는, 요담(Jotham), 아하스(Ahaz), 및 히스기야(Hezekiah)통치 시대에 예언했다(1절). 미가는 호세아(Hosea) 및 이사야(Isaiah)와 동시대 사람이었다. 이렇듯 그는 주전 749-697년 사이에 예언했다.

4. 본서의 기록 목적

이스라엘 사람들의 죄와, 이 죄 때문에 결과적으로 오는 심판을 가리키지만, 또한 드디어 오게 될 회복을 나타내 보여주기 위한 것이다.

5. 주제

죄로 말미암은 온 이스라엘에 대한 심판과, 하나님의 은혜를 통한 그들의 궁극적인 회복.

6. 본서의 요절(1:5,6,9; 4:1-4)

열쇠가 되는 단어들: "들으라" - 9회; "황폐"(Desolation)(황폐케 하다〈desolate〉) - 4회; "집합하다"(Gather)(모으다〈assemble〉) - 9회.

미가의 개론

1. 죄와 심판(1장 ~ 3장)
2. 은혜와 장래 회복(4장 ~ 5장)
3. 호소와 탄원(6장 ~ 7장)

나 훔

서 론

1. 저자

예언자 나훔(Nahum - "위로자"〈comforter〉), 그는 엘고스 사람(an Elkoshite)이었다(1:1). 엘고스(Elkosh)는 갈릴리(Galilee)의 한 성읍으로 여겨지고 있다. 나훔은 역사서들에 그 이름이 지명되지 않았다.

2. 수신자들

앗수르(Assyria)의 주 성읍 니느웨(Nineveh)(1:1,9; 3:5 등). 유다를 위한 격려의 말도 한 마디 들어 있다(1:15).

3. 기록 연대

본서는, 애굽(Egypt)의 노아몬(No-Amon)(3:8-10)의 파멸 이후에 기록된 것 같다. 이 일은 주전 661년에 일어났다. 물론 이 책은, 주전 612년에 일어난 니느웨(Nineveh)의 파멸 이전에 기록됐다. 그러므로 본서는, 주전 661- 612년 사이에 기록됐다.

4. 본서의 기록 목적

이 때 이전 150년경에, 니느웨는 요나의 전도 아래 회개하고, 여호와로 말미암아 은혜롭게 건짐 받았다. 그런데 이 성읍은, 다시 죄에 깊이 빠져들었다(3:1). 이제 여호와께서 제2의 예언자를 통해 광포하신다. 그분의 최종적인 정죄 - 곧 완전한 멸망이다(1:8-9). 나훔의 목적은, 이 정죄를 광포하기 위한 것이며, 그 이유를 알리기 위한 것이다.

5. 주제

니느웨의 파멸.

6. 본서의 요절(3:5-7)

열쇠가 되는 단어: "복수"(Vengeance, 보복〈revenge〉) - 3회.

나훔의 개론

1. 니느웨의 죄에 대한, 거룩하신 하나님의 진노(1장)
2. 니느웨의 비운(悲運, doom)에 대한 예언(2장)
3. 비운의 이유(3장)

하박국

서 론

1. 저자

예언자 하박국("껴안다" 〈embrace〉)(1:1). 그의 생애에 대해서는 전혀 알려진 바가 없다.

2. 수신자들

본서는 어느 특정한 개인이나 집단에게 보낸 것이 아니라, 원래 바벨론에 의해 정복당하기 직전, 유다에게 보낸것 같다.

3. 기록 연대

북 왕국 또는 10족속들을 앗수르로 잡아간, 그들에 대한 언급이 없다. 바벨론의 위협이 임박한 것으로 묘사됐다. 따라서 본서는, 히스기야(Hezekiah) 통치 동안과, 예루살렘의 마지막 전복 사건 사이에 기록된 것 같은데, 아마도 여호야김(Jehoiakim)(주전 610년-599년 사이) 통치 때였던 것 같다.

4. 본서의 기록 목적

어딘가 요나와 비슷하게, 본서는 유다 사람들을 직접적인 수신자들로 해서 쓰여지지는 않았지만, 어쩌면 예언자의 경험에다 관련을 짓는다. 하박국은, 유다의 죄에 대한, 하나님의 외견상(外見上) 무관심에 대해 불평한다. 주님께서 응답하시기를, 당신께서는 관심을 가지실 뿐 아니라, 갈대아 사람들(Chaldeans)을 통해, 그들을 처벌할 것이라고 하신다. 드디어 "종말에"(at the end)(2:3), "여호와의 영광을 인정하는 것이, 세상에 가득"(the earth shall be filled with the knowledge of the glory of the Lord)할 때(2:14)가 이를 것이다. 예언자는, 절대적이고도 엄숙한 시편 한 편과 더불어 끝을 맺는다. 하박국은 하나님, 곧 죄를 처벌하서야 하고, 또 처벌하실 것인 하나님의 거룩하심과 의로우심을, 명확히 보여 준다. 또한 그의 목적은, 믿는 자들이 외부적인 환경에 구애받지 않고, 여호와를 기다리고 온전히 의지하게 하려는 것이다.

5. 주제

"의인은 그 믿음으로 말미암아 살리라" (The just shall live by faith).

6. 본서의 요절(2:4)

하박국의 개론

1. 유다의 심판 받지 않은 죄에 관한 예언자의 불평(1:1-4)

2. 갈대아 사람들을 통해, 심판이 올 것이라고 하시는 여호와의 대답(1:5-11)

3. 갈대아 사람들의 악에 대한 예언자의 불평(1:12-2:1)

4. 갈대아 사람들에게도 심판이 이르리라고 하시는, 여호와의 대답(2:2-20)

5. 여호와께 대한 지극히 높은 신앙의 부흥과, 그 신앙의 표현을 위한 예언자의 기도(3:1-19)

스바냐

서 론

1. 저자

예언자 스바냐(Zephaniah〈"여호와께서 숨기신 자", He whom Jehovah has hidden〉). 스바냐는, 5,6대 뒤로 돌아가 찾아본 조상들 가운데, 유일의 예언자이다(1:1). 그는 자기가, 히스기야(Hezekiah)의 현손이라고 말한다. 그것이 매우 가능해 보이는 것은, 그 이름이 유다 임금과 연결됐을 뿐 아니라, 본서를 기록한 때가, 히스기야 왕과의 그런 관계의 유지가 전적으로 가능했기 때문이었던 것 같다.

2. 수신자들

유다와 예루살렘(1:4). 본서는, 북쪽 왕국이 앗수르에 의해 이미 포로로 잡혀간 후에 기록됐다. 이스라엘 주변 여러 이방 나라들에 대한 경고들이 있다.

3. 기록 연대

"유다 왕 아몬(Amon)의 아들 요시야(Josiah)의 시대"(1:1)이다. 요시야는 주전 약 639-608년경에 다스렸다. 아마도 본서는, 요시야의 통치(대하 34:8) 제 18년에 완성된, 위대한 개혁 이전에 기록된 것 같다. 즉 주전 621년경이다. 그러므로 주전 630년을, 추정 기록 연대로 설정해도 무방할 것이다.

4. 본서의 기록 목적

유다에게 임박한 심판을 경고하고, 남아 있는 충성된 자(the faithful remnant)를 위로하려는 것이다.

5. 주제

바벨론의 침입을 통해, 여호와의 날(The Day of the Lord)을 예상하다.

6. 본서의 요절(1:7,12)

열쇠가 되는 단어들: "여호와의 날"(그 날〈that day, the day,〉 등등) - 20회; "황폐함"(Desolation) - 7회; "남은 자" - 4회.

스바냐의 개론

1. 유다에 대한 심판은, "여호와의 크신 날"을 예시함(1:1~2:3)
2. 나라들과 예루살렘에 대한 심판은, 모든 나라들에 대한 최후의 심판을 예시하는 것이다(2:4~3:8)
3. 심판들이 끝난 다음의 이스라엘의 회복(3:9~20)

학 개

서 론

1. 저자

학개(Haggai - "나의 잔치" 〈my feast〉 -"피난으로부터의 즐거운 귀환을 기대하면서 주어진 이름" - 포세〈Fausset〉). 1장 1절,3절,13절; 2장 1절, 등을 보라. 그는 예언자였다(스 5:1; 6:14). 유대 전통에 따르면, 학개는 스룹바벨(Zerubbabel)과 더불어 예루살렘으로 돌아온 레위 사람이었다. 그는 거기서 죽어, 제사장들 가운데 한 사람으로 매장됐다.

2. 수신자들

특히 총독 스룹바벨과, 대제사장 여호수아(Joshua)에게 기록한 것이지만(1:1; 2:2,21), 또한 모든 백성에게도 아울러 쓴 것이다(1:13; 2:2).

3. 기록 연대

본서는, 4개월 보다 조금 짧은 기간을 다룬다(1:1; 2:10,20). 이 때는 페르시야 왕 다리우스(Darius) 제2년 이었다(그는 세속사에서 다리우스. 휘스타스피스〈Darius Hystaspis〉 또는 다리우스대제〈Darius the Great〉라고 하는데, 1:1, 스 4:24를 보라). (이 사람은, 다니엘서의 다리우스가 아니니, 그는 앞에서 언급된 다리우스보다 일찍 살았거나, 메데 사람〈a Mede〉 이었다).

4. 본서의 기록 목적

백성이 성전을 건축하도록 격려하기 위해서, 반대로 말미암아 작업이 약 2년 동안 쉴 수밖에 없었다(스 4장). 백성의 가슴이 냉담해져서, 학개와 스가랴(Zechariah)가 격려하기까지, 다시 성전 재건을 하려는 시도조차 하지 않았다.

5. 주제

여호와의 집을 지으라.

6. 본서의 요절(1:14; 2:9)

열쇠가 되는 단어들: "여호와의 집"(the Lord's house)(때로는 "이 집", "내 집" 등) - 8회; "고려하라"(Consider) - 5회.

학개의 개론

(네개의 영적 메시지 - 그러나 만일 1:12-15을 개별적인 영적 메시지로 여긴다면 다섯 영적 메시지)

1. 태만에 관한 영적 메시지(1:1-15)

일자 - 여섯 째 달, 주전 520년 9월, 다리우스의 통치 2년 첫째 날.

변명 - "시기가 이르지 아니하였다"(2절).

책망 - "자기의 소위(所爲)를 살펴 볼지니라"(5절).

결과 - 순종과 경건한 두려움으로(12절).

20일 후에 작업이 다시 시작되다(15절).

2. 용기에 관한 영적 메시지(2:1-9)

일자 - 주전 520년, 10월 21일, 7째 달. 이 성전은, 외부적인 장식 면에서는 이전 것만 못하겠지만, 결국은 더 영광스러울 것인데, 그것은 메시야 자신께서 들어가실 것이기 때문이다. 그러므로 백성은 용기를 얻어야 할 것이다.

3. 분리에 관한 영적 메시지(2:10-19)

일자 - 주전 520년, 12월 24일, 9째 달. 그들은 얼마 전에 겪었던 공포 때문에(스 3:3), 변경을 요청했지만, 오직 한 가지 일이 그들의 불순종을 용납하지 않았으므로, 하나님께서도 그들에게 복을 내리실 수 없었다. 그러나 이제는 하나님께 성별됐으므로, "이 날부터" 하나님께서 그들에게 복을 내리실 것이다(19절).

4. 심판에 관한 영적 메시지(2:20-23)

일자 - 3번에서 와 같은 해의 제 24일 째, 제 9달 째. 이 영적인 메시지는, 스룹바벨(Zerubbabel)로부터의 질문에 대한 대답이었을지 모른다. 나라들이 심판을 받겠지만, 하나님께서 이 거대한 작업을 하실 때에는, 스룹바벨이 하나님 보시기에 소중할 것이다.

스가랴

서 론

1. 저자

스가랴(Zechariah, 1:1,7; 7:1, 등-"여호와께서 기억 하신다" 〈Jehovah remembers〉). 그는 예언자였으며, 베레갸(Berechiah - "여호와께서 복을 내리신다" 〈Jehovah blesses〉)의 아들이며, 잇도(Iddo "그의 때" 〈His time〉)의 손자였다. 세 이름을 한데 결합한 결과는, "여호와께서 기억하시고, 그분께서 그의 때에 복을 내리신다"(Jehovah remem- bers and He blesses in His time)이다. - 모든 세대의 하나님의 백성에게 적용하는 진리이다.

스가랴는 구약성경에 나오는 흔한 이름이며, 적어도 27명의 다른 사람들에게도 쓰였다. 스가랴가 이 책을 기록할 때에는, 그는 분명히 젊은 이었다(2:4). 그가 이 책을 다리우스(Darius) 제2년에 기록했고(1:1), 그리고 이것은 포로로 잡혀갔던 이스라엘 사람들이 돌아왔을 때였으니만큼, 바벨론에서 돌아왔을 때에로 미루어보면, 그는 아주 작은 아이었을 것이다. 그의 조부 잇도(Iddo)는 스룹바벨(Zerubbabel)과 여호수아(Jehoshua)와 더불어, 바벨론(Babylon)으로부터 돌아온 제사장이었다(스 5:1; 6:14; 느 12:4,16). 전설에(탈무드) 따르면, 그는 위대한 회당(the Great Synagogue), (산헤드린〈the Sanhedrin〉)이 있기 전에 유대 사람들을 다스리던 단체였으며, 스가랴는 아주 장수했던 것으로 전해졌다. 한 전설은, 말하기를 그는 순교를 했다고 한다.

2. 수신자들

포로생활에서 돌아온 모든 이스라엘 사람들(1:2,4; 7:5 등). 어떤 영적 메시지는, 특히 대제사장 여호수아(Joshua)(3:8)와 총독 스룹바벨(Zerub-babel)에게 내린 것이다(4:6).

3. 기록 연대

다리우스(Darius) 왕 제2년부터 제4년까지의 기간 동안(1:1; 7:1), 주전 520-518년.

4. 본서의 기록 목적

학개(Haggai)와 마찬가지로, 백성으로 하여금 미완성의 성전 건축을 서두르게 하기 위한 것이다(스 4:23-5:1; 6:14; 슥 1:16; 4:8-9 등). 스가랴의 영훈은 격려의 성격을 더 띠고 있고, 학개는 책망의 성격을 더 띠고 있다. 학개의 주 임무는, 백성으로 하여금 성전 건축의 외부적인 과업의 필요성을 깨우치게 하는 것이었다.; 이와 대조적으로 스가랴는 이것을 뛰어넘어, 백성의 영적인 변화를 모색하려고 했다. 이 모든 것을 뛰어 넘어, 여호와께서는 그분의 백성에게 나타내시고자 하시는, 장래 사건들을 가지고 계셨다; 곧 이스라엘의 장래와 이방세계 세력들(the Gentile world powers)과, 특히 그리스도의 두 강림(the two advents of Christ)에 관한 사건들이었다(3:8; 9:9; 14:4 등).

5. 주제

이스라엘의 위대한 구원자(Israel' s Great Deliverer)이신 메시야의 두 강림(the two adverts)(3:8; 6:12; 9:9; 12:10; 14:3,4).

6. 본서의 요절(9:9,10)

열쇠가 되는 단어들: "여호와의 말씀"(또한 "나의 말들" 등) - 14회; "만군의 여호와"(the Lord of the Hosts) - 52회(8장에 18회); ("만군"〈萬軍〉은 히브리어로 사바옷〈Sabaoth〉). "그분의 백성의 선을 위해 사용하실 수 있는 무한한 자원들을 시사함" - 포세(Fausset).

스가랴의 개론

1. 스가랴의 환상들(1장 ~ 6장)

"해석하기가 쉽지 않지만, 번개가 번쩍이고, 소망의 노래 소리가 들리고, 신뢰의 확신이 울려 퍼진다"(캠벨 몰간〈Campbell Morgan〉).

1장 - 서론(1-6). (이 후에 예언자는, 석 달쯤 후에 하루 밤 사이에, 명백히 한 꿈이 주어졌다. 비정상적인 순서: 예언자는 그 무엇을 본다. 그는 그것에 대해 묻는다. 그리고 그것에 대한 해석이 주어진다).

① 화석류(7-17) 사이의 말들과 사람(the Horses and the Man among the Myrtles)은, 나라들에 대한 심판을 말하는데, 그것은 그들이 이스라엘을 너무 가혹하게 다뤘기 때문이다.

② 네 뿔의 환상(18-19). 뿔은 세력과 권위의 상징. 이것들은, 유다와 예루살렘을 분산시킨 나라들을 대표한다. 아마도 다니엘 - 바벨론, 메데, 파사(Medo - Persia), 그리스 및 로마일 것이다.

③ 네 공장(工匠, Artificers)의 환상(20-21). 이들은, 이스라엘을 정복한 세계 열강들을 정복하기 위해, 하나님께로부터 보냄 받은 자들이다. 원컨대 아래의 네 가지는, 하나님의 네 가지 심판이기를 바란다(겔 14:21; 계 6:1-8). 칼, 흉년, 들짐승들, 전염병들(스코필드〈Scofield〉).

2장 - ④ 측량줄을 가진 사람(the Man with the Measuring Line)의 환상; 이 "사람"은 아마도 여호와의 천사(the Angel of Jehovah)일 것이다(겔 40:3에 보면, 그분께서 성읍을 다시 측정하시는데, 거기서는 천년 시대의 강복을 위해서이다). 이 환상의 약속은, 그 당시의 유다와 예루살렘의 복을 약속하는 것이지만, 의심의 여지 없이 장차 있을 천년 시대에 있을, 보다 더 충실한 성취를 내다본다.

3장 - ⑤ 대제사장 여호수아의 옷에 관한 환상; 이스라엘 백성의 대표인 대제사장 여호수아가 더러운 법의(法衣, filthy garments)를 입고 나타났건만, 그것이 제거되고 깨끗한 법의로 갈아입혀지다. 이것은, 하나님께서 이스라엘을 위해 무엇을 하시는 가를 나타낸다.

제 2차적인 적용: 죄인의 의라고 하는 누더기 같은 헝겊 조각이, 그리스도를 통한 하나님의 순결한 의의 법의로 바뀌는 것이다. 또한 그리스도께서는, 아버지 앞에서 믿는 자의 대변자(代辯者)이심을 예시(例示)하는 것이다.

4장 - ⑥ 촛대와 두 감람나무(the Two Olive Trees)의 환상; 촛대는, 두 감람나무가 그렇듯이, 증언(witnessing)에 대해서 말한다(12절); 기름은 성령님, 곧 증언의 참된 원천을 나타낸다. 금은 하나님께서 지정하신 것을 말하고; 일곱은 완결과 완성의 숫자이다.

5장 - ⑦ 날아가는 두루마리(the Flying Roll)의 환상(1-4); 이스라엘이 넘치는 강복을 즐기기 전에 겪어야 할, 심판을 말한다. 스가랴는, 펼쳐지지 않은 채 계속해서 움직이고 있는 두루마리를 본다. 두루마리 안에는 율법이 적혀있다; 이것이 온 땅을 돌아다니다가 악행자들의 집들로 들어가니, 그 집들에 파괴가 이르렀다. 넓은 관점에서 볼 때, 이것은 이스라엘이 마지막 천년 지복(至福) 시대가 오기 전에 겪을 심판에 대해 언급한다.

⑧ 에바 가운데 여인(the Woman in the Ephah)(5-11)의 환상. 에바는, 우리들이 쓰는 되(bushel)보다 조금 큰 그릇이다. 무게를 다는 그릇은, 심판을 위해 갖춰지고, 충분히 마련된 그 무엇을 말한다. 상징적으로 성경에 사용된 여인은, 흔히 종교적인 악을 말한다(마 13:33; 계 2:20). 커다란 납(lead) 저울은, 에바 안에 갇혀 있는 악을 나타낸다. 학의 날개같은 것을 가진 두 여인(역시 악을 말하는데)은, 바벨론(시날〈Shinar〉)을 측정할 저울을 가졌다. 이스라엘의 큰 죄, 곧 우상숭배의 죄의 근원은, 모든 악이 출발 장소인 바벨론으로 거슬러 올라가야 한다. 바벨론 역시 심판을 받을 것이다. 아마도 지역적인 바벨론에서 성취되고, 장래의 성취는 영적인 바벨론의 파멸 성취에서(계 17장,18장), 이루어질 것이다.

6장 - ⑨ 네 병거(兵車, Chariots)의 환상(1-8). "하늘의 네 바람(또 영들 - the four spirits〈or winds〉)(5)을 대표하는 것으로서, 나아가 세계의 대 국가들에게 하나님의 심판을 집행한다. 이 두 가지는, 근접한 성취와 장래의 성취를 다 나타낸다.

⑩ 여호수아 대관(戴冠, Crowning)의 환상(9-15). 어떤 사람들은 이것을 실질적인 사태라고 여기지만, 환상을 도입하기 위해 1장 7절과 4장 8절에서 사용한 형태와 같으니만큼, 비유로 규정하는 것이 최선일 것 같다. 여호수아의 대관은, 그리스도의 대관(the Crowning of Christ)을 상징한다. 또 한 가지(Branch)로서 제시된 것은, 이스라엘 땅에서 아브라함과 다윗의 씨로부터 자라나시리라는 것을 예표한다. 성전은 스룹바벨(Zerubbabel)이 건축하면서 완공을 기다리던 그것이 아니라, 천년 지복시대(至福時代)의 성전(겔 40장-48장). 13절은, 그리스도의 영화로우신 천년 통치를 묘사하는데, 그 때에 그분께서는 왕이시며 제사장이실 것이다.

2. 벧엘(Bethel)의 질문과 여호와의 대답(7장 ~ 8장)

7장 - 벧엘의 질문과, 여호와의 대답의 시작. 본서는 이제 논의의 방향을 바꿨으며, 진술한 것에 대한 확대설명(amplification)이 있다. 본장은, 전에 주어진 환상들 후에, 약 2년경 후부터 시작한다. 벧엘 도성은, 하나님의 일들에 대해 권위가 있다고 여겨지는 예언자들과 제사장들에게, 대변자들을 보낸다. 하나님께서는 해마다 오직 한 축일, 곧 속죄 일(the Day of Atonement)만을 요구 하셨었다. 그러나 유대 사람들은 추가적인 것들을 보탰었다. 그것은 예루살렘과 성전의 파괴를 기억하는, 다섯 번째 달이었다(왕하 25:8; 렘 52:12). 이제 성읍과 성전이 번창하느니만큼, 백성은 그런 축일이 더 이상 필요할른지 여부를 의심했다. 여호와의 대답이 모든 백성에게 내렸다. 하나님께서는 또한 제 일곱째 달의 금식에 대해서 말씀하셨으며, 이스마엘(Ishmael)로 하여금 그달랴(Gedaliah)를 죽이도록 명령하셨다(렘 41:1-3). 그분께서는 이 축일들이 그분에 의해서 명령된 것이 아닌, 곧 참 회개로 말미암은 것이 아닌, 단순한 형식으로 여기셨다. 죄로 말미암은 진정한 슬픔이 없으므로, 그들의 금식은 그들의 잔치나 마찬가지로, 그들 자신들을 위한 것이지, 하나님께 대한 것이 아니었다.

8장 - 여호와의 대답(이 계속되다). 이제 여호와의 진노는 지나가고, 예루살렘을 위한 강복이 있을 것이다(역시 가까운 성취와 먼 성취가 내포돼 있다). 금식이 잔치로 바뀔 것이다(19절).

3. 나라들의 패망과, 이스라엘의 구원(9장 ~ 14장)

이 부분에서 나라들의 심판과, 천년 통치가 묘사된다.

9장 - 오실 왕과, 그분께서 이스라엘에게 베푸실 구원.

10장 - 유다와 에브라임(Ephraim)을 위한 강복.

11장 - 참 목자가 거짓 목자 때문에 배척 받다. 메시야의 강림의 그림으로서, 참 목자가 주어졌건만, 그분께서 이스라엘에게 배척 받으실 것이 예고됨. 이것은 하나님의 진노를 그 땅에 가져오게 하고, 거짓 목자가 오는 길을 열어주게 되겠는데, 다니엘 7장 8절의 짐승(the Beast of Daniel)과 계시록 19장 20절의 그것이 예고됐는데, 그것들에 대해서도 예언됐다. 7절에서 시작해서 스가랴는 목자이신 하나님(God Shepherd)을 나타내고 있는데, 메시야를 배척하는 어떤 행동들을 상징적으로 말하고 있다. 12절, 13절을 특히 주목하라.

12장 - 예루살렘의 포위와, 여호와로 말미암은 구원, 본 장은 아마겟돈 전쟁(the Battle of Armageddon), 예루살렘의 구원, 그리고 뒤따르게 될 왕국의 강복에 대해서 말하고 있다.

13장 - 이스라엘의 정화(淨化)(1-6)와, 크신 목자(the Shepherd)께서 상

해(傷害)를 받으신 후, 그들이 흩어지리라는 것(7-9).

14장 - 도래하실 왕(the Coming King)과 왕국.

말라기

서 론

1. 저자

말라기(Malachi)(1:1)-"나의 소식 전파자"(My messenger 또는 "여호와의 소식 전파자"〈messenger of Jehovah〉). 어떤 사람들은 생각하기를, 이것은 전혀 고유명사가 아니라, 차라리 그리스도를 배경에 두고 싶어 하기를 소원하는 자의 칭호라고 한다. 한 가지 전통은 말하기를, 이것은 에스라(Ezra)의 칭호라고 하지만, 에스라는 언제나 서기관(書記官, scribe)이라고 불렀지, 결코 예언자로는 불리지 않았다고 했다. 이름이 불러 언급되지는 않았지만, 말라기는 신약성경에 여러 차례 인용됐다(마 11:10; 17: 12; 막 1:2; 9:11-12; 눅 1:17; 롬 9:13). "이것이 분명한 사람의 실질적인 이름을 의심할 이유는 전혀 없다"(에이 지 개벨레인〈A.G.Gaebelein〉). 말라기의 개인적인 삶에 대해서는, 전혀 알려진 바가 없다.

2. 수신자들

포로 이후에도 본토에 남아 있던 이스라엘 백성(1:1; 2:11; 3:6-7). 제사장들이 특히 언급됐으며(1:6; 2:1), 또한 백성 가운데 충성된 무리가 언급됐다(4:2,3).

3. 기록 연대

책에는 날자가 전혀 기록되지 않았지만, 분명히 이 책은 바벨론 포로생활 이후에 기록된 것 같은데, 그 까닭은 백성이 총독 아래서 생활하고 있는 것으로(1:8), 묘사되고 있기 때문이며, 성전 예배가 진행되고 있었고(1:7,8,10), 우상숭배가 전혀 언급되지 않고 있기 때문이다. 어떤 사람들은 생각하기를, 이 책은 느헤미야가 총독으로 있을 때, 아마도 그가 수산(Shushan)을 방문하기 위해 예루살렘을 떠나 있을 때일 것이라고 생각하고, 다른 사람들은 이보다는 조금 늦게 기록됐을 것이라고 생각하는데, 그 이유는 1장 8절을 느헤미야 5장 15절,18절과 비교해 볼 때 그렇다는 것이다. 그러므로 일자는 주전 445년에서 397년 사이의 어떤 기간 일 것이라는 것이다.

4. 본서의 기록 목적

돌아온 잔여 민족(the returned remnant)은, 성전 예배를 지속하긴 했지만, 뒤쳐진 상태로 타락해 있었다. 그들은 여호와의 사랑에 대해 무감각했으며(1:2), 하나님을 영화스럽게 아니하고, 사실상 그분의 이름을 멸시했다(1:6). 그들은 여호와께로부터 너무나 멀리 떨어져 있었기 때문에, 그들의 부당한 태도를 깨닫지 못했다. 이것은 두려운 죄의 본질들의 하나인데 - 그것은 사람의 마음을 강퍅케 해서, 그의 참 상태를 볼 수 없게 한다. 특별한 죄들은, 제사장들의 세속적이면서도 조심성 없는 태도였으며, 백성이 이교도들과 결혼하는 것이었고, 이혼, 11조 봉헌을 거부하는 것, 그리고 서로서로 부당한 거래를 일삼는 것이었다. 학개(Haggai)와 스가랴(Zechariah)가 보냄 받아, 성전건축 실패의 책망을 하게 했고, 말라기는 저들이 성전을 소홀히 여기고, 성전 예배를 욕되게 하는 것을 꾸짖었다. 말라기는 이것을 질의 응답식으로 했다(본서에 보면, 23개 정도의 것으로 돼 있다).

5. 주제

여호와의 백성이 예배를 게을리 하고 욕되게 하는 것에 대해 책망을 받다.

6. 본서의 요절(3:9-10)

열쇠가 되는 단어들: "그대들은 말한다"(Ye say) - 11회; "그 안에서"(Wherein) - 6회; "저주받다"(Cursed) - 7회.

말라기의 개론

1. 제사장들의 죄들(1:1-2:9)
2. 백성의 죄들(2:10-3:15)
3. 충성된 소수(3:16-4:6)

신약성경의 내용들

신약성경과 4복음서에 대한 서론

1. 신약성경의 위치

(1) 그것이 기록된 이유들

① 구약성경의 계시를 완성하기 위해서(히 1:1,2; 렘 31:31-34; 말 3:1).

② 구약성경의 예언들의 성취를 보여주기 위해서(눅 4:21; 요 13:18; 17:12; 행 1:16과 그밖에 많은 성구들). 구약성경은 오실 메시야를 지명했고; 신약성경은 그 소망의 성취를 보여준다.

③ 구원의 길을 완전히 나타내기 위해(요 20:31).

④ 하나님의 자녀를 위한, 모든 필요한 계시를 주기 위해서(요 4:25; 17:18; 16:12,13). 이것은 특히 교회(the Church)와 관계 된다(마 16:18; 엡 5:23-32).

(2) 뚜렷한 특징

은혜(요 1:17).

(3) 구분

① 역사-4복음서들(4 Gospels)과 사도행전(Acts)- 5권.

② 교리(Doctrine)-서신들(Epistles)-21권(그 가운데 14권은 바울의 저작).

③ 예언-계시록(Revelation)- 1권

총 27권.

2. 4복음서들(The Four Gospels)

(1) 성경의 여타 부분과의 관계

① 구약성경은 오실 구속주(救贖主, a coming Redeemer)를 약속하고, 복음서들은 이 약속의 성취를 보여준다. 복음서들은, 그분의 탄생, 사역(使役), 죽음 및 부활을 기록한다. 또한 그분의 재림(His second coming)을 예고한다.

② 사도행전은 오순절 날(Day of Pentecost)에 교회가 시작한 것으로부터, 바울의 로마에서의 첫 수감(收監)까지의(약 50년 동안) 교회 역사를 포

함한다.

③ 서신들(the epistles)은 교회를 위한 명백한 교훈들을 포함하고 있다.

④ 계시록은 그리스도의 재림의 예언, 하나님의 장래 계획의 예언적인 그림을 완성한다.

(2) 서로서로에 대한 관계

"성령님은 기자(a reporter)가 아니시라, 편집자(an editor)이시다." 복음서들은, 예수 그리스도의 단순한 사실적인 전기들을 제공하려는 시도들이 아니다; 만일 그렇다면, 그것들은 매우 빈약한 기록들이 됐을 것이다. 왜냐하면 그분께서 행하신 것을 일부만을 말했을 것이기 때문이다. 그것들은 오히려 그분의 인격과 사역의, 다른 네 가지 면을 강조한다. 이 기록들이 문서화 될 무렵, 주로 네 인간 무리들이 있었으니: 곧 유대 사람들, 로마 사람들, 그리스 사람들, 및 나머지 세상 사람들이었다.

① 마태(Matthew)는 특히 유대 사람들을 위해 기록한 복음이다(말 3:1). 그것은 그리스도를 왕(the King)이시며, 약속된 메시야(the Promised Messiah)로 제시한다.

② 마가(Mark)는 특히 로마 사람들(Romans)을 위해 기록한 것이다. 그것은 그리스도를, 여호와의 고난 받으시는 종(the suffering Servant of Jehovah)이시며, 능하신 일들의 성취자로 제시한다. 열쇠가 되는 단어, 곧(straightway), 40회 사용됨.

③ 누가(Luke)는 특히 그리스 사람들(the Greeks)을 위해 기록한 것이다. 그것은 그리스도를, 완전한 사람(the Perfect Man)으로 제시한다.

④ 요한(John)은, 전 세계(all the world)를 위한 복음이다. 그것은, 그리스도를, "너무나 세상을 사랑하셨기"(God so loved)(열쇠가 되는 최고, 요 3:16) 때문에 자기 자신을 내어 주신, 하나님의 아들(the Son of God)로서 제시한다.

"마태는 약속된 구세주의 강림(the coming of the Promised Saviour)에 관해; 마가는 강력한 구세주의 삶(the life of Powerful Saviour)에 관해; 누가는 완전한 구세주의 은혜(the grace of a Perfect Saviour)에 관해; 요한은 완전한 구세주를 모시는 일(the Possession of a Perfect Saviour)에 관해 관심을 가졌다"(그리피스 토마스〈Griffith-Thomas〉).

각 복음 마다 제시된 바, 그리스도께서 오신 목적을 보면 아래와 같다; 마태복음 5장 17절에서는 “성취하시기 위해서”(fulfill); 마가복음 10장 45절에서는 “섬기시기 위해서”(to minister); 누가복음 19장 10절에서는 “구원하시기 위해서”(to save); 요한복음 5장 43절, 10장 10절에서는 “생명을 주시기 위해서”(to give life)이다.

마태복음

서 론

1. 저자

책 그 자체에는, 저자에 대해 전혀 언급이 없다. 흠정역(欽定譯, Authorized Version)에 있는 책 이름은, 그 보다 전 시대부터, 열 두 사도의 한 사람인 마태에 의해 기록된 것이라는 합의가 있어 왔다. 그는 또한 레위(Levi)라고도 불렸는데(어떤 사람들은, 마태〈Matthew〉는, "하나님의 선물"〈gift of God〉이란 뜻으로서, 그리스도께서 그에게 주신 이름인데, 주님께서 시몬 베드로〈Simon Peter〉를 지명하신 것이나 마찬가지이다. 마 9:9를 막 2:14 및 눅 5:27-32과 비교해 보라), 마태는 세리(稅吏)로서, 미움 받는 사람이었다. 그는 로마 사람들을 도와서 유대 사람들로부터 증세(tributes)를 거둬드렸다. 아무도 이방인들을 돕고자 하지 않았는데, 유대 사람들은 그들이, 메시야께서 오실 때에, 그 땅으로부터 소탕(掃蕩)되기를 바랐다. 미움 받던 반역자가, 신약성경의 첫 책의 기록자가 됐다고 하는, 하나님의 은총을 보여 준다.

2. 수신자들

유대 사람들에게 특별히 기록한 것. 틀림없이 구약성경에 익숙한 자들에게 기록한 것인 듯.

3. 기록 연대

어떤 학자들은, 연대를 초기인 주후 37년으로 잡고, 다른 보수적인 학자들은, 주후 68년 정도로 늦게 잡고 있다.

4. 본서의 기록 목적

(1) 나사렛 예수(Jesus of Nazareth)는, 이스라엘에게 약속되신 메시야이시고 임금(Messiah and King)이심을 증명하기 위해서, 마태복음에는 60회 이상의 구약 인용이 있다.

(2) 예수께서 어떻게, 그리고 왜 이스라엘에게 배척 받으셨으며, 이 배척에 뒤이어 하나님의 어떤 계획이 따를지를 보여 주기 위한 것이다.

5. 주제

이스라엘의 약속된 메시야와 왕의 초림과 배척.

6. 본서의 요절(1:1; 23:37-39)

열쇠가 되는 단어들: "이루어지다"(Fulfilled,〈이루어지는, fulfill〉) - 17회; "하늘의 왕국"(Kingdom of Heaven) - 32회; 이 표현은 마태에서만 발견된다. 문자 그대로 그것은, "하늘들의 왕국"(Kingdom of the heavens)이다. "교회"와 동의어가 아니다. 우리 주님이 땅 위에 계실 때의 유대 사람들에게, 이것은 무슨 뜻이었을까? 그들은 메시야가 통치하실 때에 있을, 영광스런 지상 왕국을 기대하고 있었다. 땅 위에 펼쳐지는 하늘들의 통치이다(사 9:6,7). 무엇보다도 먼저, 이 왕국이 가까웠음이 알려졌다. 그것이 배척되자, 왕께서는 현 시대를 미리 보여주시는데, 그 동안에 하늘의 왕국은, "신비한 형태로" 존재한다(마 13장). 그것은 그리스도께서 돌아오실 때에, 문자 그대로 세워질 것이다. 이 복음서는, 다른 세 복음서들보다 통치하시기 위해 그가 돌아오실 것에 대해 말하고 있다(특히 24장, 25장).

마태복음의 개론

1. 왕의 준비(1장 ~ 4장)

(1) 왕의 족보(1:1-17).

(2) 왕의 탄생(1:18-25).

(3) 현인들이 왕에게 경배드리기 위해 찾아옴(2:1-12).

(4) 아기 왕(the Infant King)께서 애굽으로 여행하심(2:13-23).

(5) 왕의 선구자(3:1-12).

(6) 왕께서 세례(침례) 받으심(3:13-17).

(7) 왕께서 시험 받으심(4:1-11).

(8) 사역을 시작하시고, 첫 사도들을 부르심(4:12-25).

2. 왕의 제시(5장 ~ 10장)

(1) 왕의 선언(5장-7장).

(2) 왕의 신임장들(8장-9장).

(3) 왕의 사신들(10장).

3. 왕에 대한 배척(11장 ~ 23장)

(1) 왕에 대한 반대(11장-12장).

(2) 왕이 사용하신 비유들(13장).

(3) 왕에 대한 결정적 배척(14:1-16:12).

(4) 왕께서 주신 교훈들(16:13-20:34).

(5) 최종적인 교훈의 제시와, 왕에 대한 배척(21장-23장).

4. 왕이 내리신 예언들(24장 ~ 25장)

5. 왕의 죽음과 부활(26장 ~ 28장)

마가복음

서 론

1. 저자

다른 복음서들에서와 마찬가지로, 저자의 이름이 복음서에 언급되지 않았다. 그러나 초대교회의 강력한 전설은, 저자를 마가로 보고 있다. 마가(또한 행 12:12,25; 15:37)는, 초대교회의 저명한 지도자였던 바나바(Barnabas, 사촌, 골 4:10)와 친척이었다. 마가는 바울과 바나바의 첫 선교여행 때 그들과 동행했지만, 후에 두 선교사들 사이의 의견 충돌의 원인이 됐다(행 15:36-39). 훨씬 뒤에, 바울이 마가에 대해서 좋게 말하는 것을 발견하는 것은 좋은 일이다(딤후 4:11). 마가는 12사도들 가운데 한 사람은 아니었지만, 초대교회(the Early Church)의 지도자들에 따르면, 그는 베드로의 밀접한 동반자였으며, 마가의 복음은 여러 사건들에 대한, 베드로의 진술을 기록하고 있다고 본다. 이것이 사실일 수밖에 없는 것은, 마가는 베드로를 통해 믿게 된 것 같고(벧전 5:13); 베드로는 감옥에서 풀려난 후 마가의 어머니 집으로 간 것을 봐도 알 수 있다(행 12:12). 그리고 베드로의 이름이 마가복음에 23회나 언급되고 있다.

2. 수신자들

아마도 원래는, 로마 사람들에게 호소하는 것을 의도했던 것 같다. 이것은 4복음서들 가운데서 가장 간략한 것이며, 가르침 보다는 행동들을 강조했다. 이것은 그리스도를, 여호와의 완전하고 충성된 종(the perfect and faithful Servant of Jehovah)(빌 2:7; 또한 사 42:1; 49:5,6; 52:13을 보라), 놀라운 사역들의 완성자로서 나타낸다. 명백히 비(非)유대인들을 위해 기록한 것임을 알 수 있는 것은, 유대 말들과 풍속들이 설명됐기 때문이다(5:41; 7:1-4; 7:34; 14:12; 15:34,42). 우리 주님의 족보, 탄생 또는 유아 시기에 대해 아무것도 언급하고 있지 않다. 구약성경의 인용들은 몇 개 밖에 되지 않는다(1:2-3; 15:28).

3. 기록 연대

대다수의 현대 학자들은, 기록연대를 주전 62-68년경만큼 빠르게 보고 있다. 그것은 요한의 사역 초기로부터 주님의 승천까지와, 사도들의 초기 전도까지의 시기를 포함한다(주후 약25-32년).

4. 본서의 기록 목적

주 예수를 여호와의 완전하시고 절대적으로 충성되시는 종(the perfect and absolutely faithful Servant of Jehovah)으로 제시해, 특별히 로마 사람들에게 호소하기 위한 것이다.

5. 주제

하나님의 아들(the Son of God)이신 예수 그리스도를, 고통 받으시는 여호와의 종(the Suffering Servant of Jehovah)(1:1; 9:37; 10:45)으로서 제시.

6. 본서의 요절(10:45)

열쇠가 되는 단어들: "곧"(Straightway)- 40회; (주: 흠정역에서는 "곧"이 19회 나온다; "즉시"〈immediately〉- 15회; "즉시, 당장"〈forthwith〉- 3회; "하자마자"〈as soon as〉- 2회; "즉각"〈anon〉- 1회; 그러나 모든 번역어들은 같은 그리스어로 나왔다); 대중(Multitude)- 17회.

마가복음의 개론

1. 종의 준비(1:1-13)

(1) 선구자(1-8).

(2) 세례(침례) 받으심과, 성부의 증언(9-11).

(3) 시험을 받으심(12,13).

2. 종께서 하시는 일(1:14~8:26)

(1) 그리스도께서 첫 제자들을 부르심(1:14-20).

(2) 많은 이적들을 행하심(1:21-3:12). 마귀들(demons)의 빈번한 출현에 대한 강조 및 주님 앞에서의 그들의 강력함을 주목하라.

(3) 사도들이 임명받고, 서기관들이 경고 받다(3:13-35).

(4) 주님의 네 가지 비유들(4:1-34).

비교 -

마태 …… 21 이적들 …… 15 비유들

마가 …… 19 이적들 …… 5 비유들

누가 …… 20 이적들 …… 19 비유들

(5) 더 많은 능력 있는 이적들(4:35-6:6).

(6) 사도들이 파송 받다(6:7-31).

(7) 더 많은 능력 있는 이적들(6:32-8:26).

3. 종께서 고통 받으심(8:27-15:47)

(1) 고통 받으실 것이 예고되다(8:27-10:52).

(2) 여러 가지 일들로 말미암아, 고통이 일어나다(11:1-13:37); "여러 가지 고통들이 있었으니"(8:31). 이를테면, 열매 맺지 못하는 무화과나무(11:12-14); 성전의 상태들(11:15이하); 지도자들의 반대(11:27이하). 장차 이스라엘에 닥칠 고난에 대한 인식(13:1 이하).

(3) 죽음 그 자체로 말미암은 고통(14:1-15:47).

① 음모가 꾸며지다(14:1,2).

② 예기되다(14:3-42).

③ 절정에 달하다(14:43-15:47).

4. 종의 승리(16장)

(1) 그분께서 죽은 자들 가운데서 살아나심(16:1-18).

(2) 그분께서 승천하심(16:19,20).

누가복음

서 론

1. 저자

책에는 이름이 언급되지 않았지만, 그는 도입부에서 제1인칭을 사용한다(1:3). 초기부터 보면 보편적으로 누가가 저자로 여겨져 왔다(골 4:14). 어떤 사람들은, 그의 이름, 그의 직업, 그가 사용한 그리스어의 형태 및 거론된 사람에 미루어 볼 때, 누가 자신이 그리스도인 이었으며, 이방인 출신 그리스도인이었다고 한다. 또한 골로새서 4장 10절-14절에서 유대 사람들로부터 분리돼 있는 것을 보면, 그는 12사도들 가운데 하나가 아니라, 바울과 밀접한 동역자였던 것 같다(행 16:9-12; 20:5-21:18; 27:1-28:16을 보라). 바울은 또한 빌레몬서 24절과 디모데후서 4장 11절에서 그에 대해 언급하고 있다.

2. 수신자들

데오빌로(Theophilus - "하나님이 사랑하는 자"〈lover of God〉 또는〈"하나님에게 사랑 받는 자" - loved by God〉)(1:3). "각하"(most excellent)라고 불린 것을 보면(행 23:26; 24:3; 26:25), 분명히 그는 고급 공무원이었다. 비록 그 이상 알려진 것은 없지만, 분명히 그는 그리스 귀족이었다. 이 개인 외에, 본서는 특히 그리스 문화인들, 미(美)를 사랑하는 그들에게 기록한 것으로 보인다.

3. 기록 연대

주후 약 60년경에 기록됐는데, 이 책은 사도행전이 기록되기 전에 기록됐으며, 그 때는 바울이 죽기 전이었다(주후 약 68년). 요한의 탄생에 대한 사가랴(Zacharias)의 선언으로부터, 그리스도의 승천까지(약 35년 동안의 기록임).

4. 본서의 기록 목적

(1) 그리스도의 생애에 관한 정확한 사실들을 제시하기 위해서(1:1-4).

(2) 죄악적인 인류를 위한 완벽한 구원을 제공하시고 완벽한 사역을 베푸실 완벽하신 신인(God man)이신 그리스도를 제시하기 위해서(19:10).

5. 주제

불완전한 자들의 구주(the Saviour of imperfect)이신, 완전한 인간(the perfect Man)이신 그리스도.

6. 본서의 요절(19:10)

열쇠가 되는 단어들: "인자"(Son of Man) - 26회; 그의 신격 "하나님의 아들"(Son of God)과 대조되는 그의 인성(His humanity)을 말한다. 그것은, 그분이 완벽하고 이상적이신 사람(the perfect, ideal Man), 전 인류의 참 대표(the true representative of the whole human race)이시라는 뜻이다.

누가복음의 개론

1. 인자(the Son of Man)께서 오신다는 광포와 강림(1:1 ~ 4:13)

(1) 서언(1:1-4).

(2) 선구자의 기적적인 출생에 대한 광고(1:5-25).

(3) 마리아(Mary)에 대한, 예수 탄생 고지(告知)(1:26-38).

(4) 마리아가 그녀의 사촌 엘리사벳(Elisabeth)을 방문함(1:39-56).

(5) 세례(침례) 요한(John the Baptist)의 탄생(1:57-80).

(6) 하나님의 아들(the Son of Man) 예수님의 탄생(2:1-20).

(7) 예수님의 할례(割禮, circumcision)(2:21).

(8) 소년 예수께서 성전에 나타나심(2:22-39).

(9) 예수님의 소년 시절(2:40-52). 그분의 완전한 인간성을 나타내지만,

12세 때에 그분께서는 어른 이상이시었던 것으로 보인다.

(10) 세례(침례) 요한의 사역(3:1-20).

(11) 인자께서 세례(침례)를 받으심(3:21,22).

(12) 인자(人子)의 족보(3:23-38). 마리아의 족보이기도 함. 그래서 요셉(Joseph)은 헬리(Heli)의 "사위" 였다. 유대의 풍속에 따라, 마리아보다 요셉의 이름이 사용됐다. 예수님의 족보를 아담까지 소급함으로써 사람의 아들이심을 나타냈다.

(13) 인자께서 시험 받으심(14:1-13). 완전하신 사람으로서의 그분께서는, 첫 사람 아담이 실패한 곳에서, 승리하셔야만 했다.

2. 인자의 말씀들과 하신 일들(4:14 ~ 19:27)

(1) 나사렛(Nazareth)에서 배척당하심(4:14-30). 그들은 주님의 인간성을 지나치게 강조하고, 그분을 다만 평범한 사람으로 여겼다.

(2) 갈릴리(Galilee)에서 가르치시고 병 고치시다(4:31-44).

(3) 첫 제자들을 부르시고, 문둥병과 중풍병을 고치셨으며, 서기관들과 바리새인들(scribes and pharisees)의 비방들에 대답하심(5장).

(4) 12제자들이 선택되어 세상에서의 그들의 행동에 대한 가르침을 받았다(6장). 이것이 "산상보훈"(the Sermon on the Mount)의 일부인가? 다른 위대한 교사들과 마찬가지로 주님께서도 여러 경우들에 교훈을 내리셨을 것이다. 여기에서의 바리새인들은 다르며 율법에 대한 아무 언급도 없다(17절을 보라).

(5) 놀라운 이적들을 행하시며, 세례(침례) 요한의 의심을 풀어주시고, 어떤 바리새인의 가정을 방문하심(7장).

(6) 비유들을 베푸시고, 폭풍이 일어난 호수를 잔잔케 하시며, 병든 자들을 고치시고, 죽은 자들을 살려 일으키셨다(8장).

(7) 5,000명을 먹이시고, 모습이 바뀌시고, 그의 죽으심을 예고하심(9장).

(8) 70제자들을 파송하시고, 믿지 않는 성읍들을 정죄하셨으며, 선한 사마리아인의 비유(parable of the good Samaritan)을 내리셨고, 마르다(Martha)와 마리아(Mary)를 방문하셨다(10장).

(9) 여러 가지 비유들과, 다른 가르침들(11장~14장).

(10) 잃은 양(the Lost Sheep), 잃은 동전(Lost Coin), 탕자(Prodigal Son)(15장), 잃었다가 지금 다시 찾은 것에 대한 넘치는 기쁨을, 강조하고 있다.

(11) 여러 가지 과제들에 대한 훈계(16:1-19:17). 또한 몇 가지 이적들도 포함돼 있다.

3. 인자의 고통스러우신 속죄의 죽음(19:28 ~ 23:56)

(1) 예루살렘에로의 승리로운 입성 및 성전 청결(10:28-48).

(2) 주께서 여러 가지 교묘한 질문에 잘 대답하심(20장).

(3) 주의 마지막 예언적 논의(21장). 누가는 마태와는 달리, 7절의 첫 질문에 대한 그리스도의 대답들에 대한 상당한 자료를 제공한다.

(4) 최후의 만찬, 겟세마네 동산(the Garden of Gethsemane)에서의 배반, 공회 앞에서 심문 받으심(22장).

(5) 십자가에 못 박히심과 매장(23장).

4. 하나님의 아들의 부활과 승천(24장)

요한복음

서 론

1. 저자

초대교회는, 세베대(Zebedee)의 아들 사도 요한(John the apostle)이 저자라고 믿었다. 요한은 주님께 가장 가까웠던 세 제자의 한 사람이었다(마 10:2; 17:1; 갈 2:9). 요한이 저작했다는 것을 책 자체에서 주목하라. 책은 명백히 유대 사람에 의해 기록됐다(1:38; 4:9; 7:37 등). 그는 사건들의 목격자였다(1:14; 1:29; 1:35-36 등). 본서에서 언급될 때에는(1:40; 13:23; 21:20,24) 요한이 거명되지 않았지만, 다른 세 기자는 모두 그의 이름을 불렀다. 저자는 세례(침례) 요한을 단순히 요한이라고 말한다; 요한을 알고 있는 다른 뛰어난 사람들은, 저자가 제자라는 것을 지켜보았다(21:24).

요한에 관한 추가적인 사실들: 아버지에게 종들이 있었던 것을 보면(막 1:20), 가족적인 환경은 좋았다. 그와 그의 형제는, 베드로와 동업자들이었다(눅 5:10). 주님께서는 그와 그의 형제를, 보아네게(Boanerges), 곧 "우뢰의 아들"(sons of thunder)이라고 부르셨다(막 3:17). 차라리 그들은 시작할 때에는 율법적이었으며(눅 9:49,51-56), 또한 시기하는 성격이었다(막 10:35; 마 20:20-21 참조). 예수님의 무덤에 베드로보다 먼저 뛰어갔으며, 가장 젊은 제자였다고 생각됐다(20:4). 본래 학문이 없는 범인으로 인식됐다(행 4:13). 전설에 따르면, 후의 삶은 에베소(Ephesus) 교회의 지도자였으며, 도미티안(Domitian)에 의해 그곳으로부터 밧모(Patmos)에 유배됐다. 에베소로 돌아와 거기서 자연사를 한 것으로 되어 있다. 그는 또한 세 서신과 계시록을 기록했다.

2. 수신자들

어느 특별한 수신자를 기록하지 않았지만, 본 복음서는 전 세계를 안중에 두고 있다(1:9-12; 3:16; 17:18,21,23). 세계(world)라는 단어가 78회 사용됐다.

3. 기록 연대

다른 세 복음서들에서 누락된 것을 마지막으로 보완하기 위해, 요한이 기록했다는 것이, 2세기에 이르러 일치한 의견이었다. 기록 연대는 아마도 주후 80-90년경 이었을 것이다. 본서는 세례(침례) 요한의 사역으로부터, 약 5년 동안 그리스도의 부활 후 출현들(the post resurrection appearances)을 기록했다.

4. 본서의 기록 목적

예수님을 세상의 구주(the Saviour of the world), 하나님의 아들(the Son of God)로 제시해, 사람들이 그분을 믿어 구원 받게 하기 위해서이다(20:31). 요한은 그의 목적을 성취하기 위해, 예수님께서 말씀하시고 행하신 모든 것을 말하려고 시도하지 않고, 어떤 문제들만을 선택한다(20:30; 21:25).

5. 주제

사람들을 위해 자기 자신을 주신 하나님의 아들 그리스도, 그분을 믿는 모든 사람이, 영원한 생명을 가지게 하기 위한 것이다.

6. 본서의 요절(3:16)

열쇠가 되는 단어들: "아버지(하나님)" - 121회; "사랑" - 57회; "세상" - 78회; "아들(그리스도)" - 42회; "믿으라" - 98회; "생명" - 52회.

요한복음의 개론

특히 요한복음에 나와 있는 일곱 표지들을 주목하라(20:30,31):

(1) 물을 포도주로(2:1-11).

(2) 고관의 아들이 고침을 받다(4:46-51).

(3) 불완전한 사람이 고침 받다(5:1-9).
(4) 5,000명을 먹이시다(6:1-14).
(5) 물 위로 걸어가심(6:16-21).
(6) 눈 먼 남자를 고치심(9:1-7).
(7) 나사로(Lazarus)를 살려 일으키심(11:1-46).

또한 "나는……이다"(I am)라는 일곱 상징들을 주목하라(출 3:14를 보라):

(1) 생명의 떡(16:35).
(2) 세상의 빛(8:12).
(3) 문(10:9).
(4) 선한 목자(10:11).
(5) 부활과 생명(11:25).
(6) 길, 진리 및 생명(14:6).
(7) 포도나무(15:1).

1. 서론(1장)

2. 하나님의 아들의 공적 사역(2장 ~ 12장)

2장 - 가나(Cana)에서 물을 포도주로 바꾸심; 예루살렘에서 성전을 정결케 하심.

3장 - 예수님과 니고데모(Nicodemus); 세례(침례) 요한으로 부터의 추가적인 간증.

4장 - 예수님과 사마리아 여인(the woman of Samaria); 고관의 아들을 고치심.

5장 - 온 몸이 부자유스런 사람이 고침 받고, 비판적인 유대 사람들에게 대답이 주어지다.

6장 - 예수님께서 5,000명을 먹이시고, 물 위를 걸으시고, 자기 자신을 생명의 떡(the Bread of Life)으로서 제시하심.

7장 - 장막절(帳幕節, the Feast of Tabernacles)에 주어진, 성령님에 관한 예수님의 교훈.

8장 - 간음의 현장에서 잡힌 여자가 용서 받았으며, "세상의 빛"(the Light of the world)에 관한 논쟁.

9장 - 눈 먼 사람의 눈을 뜨게 하심(8장의 실증).

10장 - 선한 목자에 관한 논쟁.

11장 - 죽은 자 가운데서 나사로(Lazarus)를 살려 일으키심.

12장 - 베다니(Bethany)에서 저녁을 잡수심; "밀알"(the corn of wheat)에 관한 비유의 메시지.

3. 하나님의 아들의 사적인 사역(13장 ~ 17장)

마지막 날 밤에, 우리 주님께서 제자들에게 주신 가르침(14장~16장- "다락방에서의 논의"〈the upper room discourse〉는 다만 요한복음에만 있음).

13장 - 예수님께서 제자들의 발을 씻기심; 유다(Judas)에 의해 팔리실 것과, 베드로(Peter)에 의해 부인 당하실 것을 예고하심.

14장 - 주께서 자기의 재림을 예고하시고, 성부와의 일체되심 및 성령님을 보내시리라는 약속들을 하심.

15장 - 그리스도와 세상에 대한 믿는 자의 관계성.

16장 - 세상과 믿는 자와의, 성령님의 작업.

17장 - 그분 자신의 것들을 위한 그리스도의 기도 - 사실상의 "주기도"(the Lord' s prayer).

4. 하나님의 아들의 죽음과 부활(18장 ~ 20장)

18장 - 예수님께서 겟세마네(Gethsemane) 동산에서 잡히시고; 대제사장과 빌라도(Pilate) 앞까지 끌려가심.

19장 - 예수님께서 정죄 받으시고, 십자가에 못 박히시고, 매장되심.

20장 - 죽은 자들 가운데서 부활하셔서, 제자들에게 나타나심.

5. 결론(21장)

베드로가 부활하신 주님으로 말미암아, 그리스도를 섬기는데 있어서의 교훈을 받다.

사도행전

서 론

1. 저자

제 3복음서의 저자 누가(Luke). 누가복음에서와 마찬가지로, 그의 이름이 사도행전에 언급되지 않았지만, 같은 저자가 기록한 누가복음 1장 1절-4절과 사도행전 1장 1절,2절을 대조해 보면 알 수 있다. 의학적인 용어들이 사용된 것만 봐도, 누가의 저작임을 추가적으로 증명한다(이를테면 3:7; 9:18; 12:23; 13:11; 28:8). 그는 여러 경우에 바울과 함께 여행했다(딤후 4:11); 사도행전에, "우리"라고 기록한 부분을 주시하라(16:9-12; 20:5-21; 27:1-28:16).

2. 수신자들

본래 그리스도인이었던 고위 이방 관리였던 데오빌로(Theophilus)였으며, 이 개인을 뛰어 넘어, 사도행전은 교회를 시작하는데 관심이 있는 자들을 가르치기 위해서, 그리고 그리스도께서 죽으시고 부활하시고, 승천하신 후의 첫 복음 전파에 관심이 있었던 모든 자를 위해 기록한 것이다.

3. 기록 연대

주후 약 63년(주후 약 68년의 바울의 순교 이전이었다), 그리스도의 승천으로부터, 바울이 2년(주후 30-68년) 동안 로마에서 죄수로 있었던 때까지 였다.

4. 본서의 기록 목적

주께서 하신 일의 기록을 계속하기 위해서인데, 이 책은 부활하신 주님의 행적을 포함하고 있다. 책의 이름이 제시하듯이, 사도들 각자의 활동의 역사를 제공하지 않고, 어떤 지역들에서의 교회의 시작을 알려준다. 그리스도께서 여전히 중심이시다. 이 책은, 비록 주께서 하늘로 돌아가셨을 지라도, 그분께서 계속해서 역사하시되, 그분의 약속을 따라 그 때에도 계속해서 역사하시는 성령님을 통해 직접적으로, 그분께서 파송하신(요 17:18) 그분 자신의 인간 종들을 통해 일하셨다. 첫 12장에서는 베드로가 중심 인물이고, 나머지 16장에서는 바울이 중심이다.

5. 주제

교회의 시작과, 성령님의 능력으로 믿는 자들이, "땅의 구석진 곳까지" 최초로 복음을 전하기 시작한 것이었다.

6. 본서의 요절(1:8)

열쇠가 되는 단어들: "이름(예수의 이름, 주 예수의 이름, 나의 이름, 등등)" (보기들 8:12; 9:15) - 33회; "성령" (삼위의 제 3위를 가리킴) - 54회.

사도행전의 개론

1. 유대 사람들에 대한 베드로와 다른 신자들의 사역(1장 ~ 12장)

1장 - 그리스도의 승천 및 유다(Judas)의 후계 선정.

2장 - 성령님의 오심 및 교회의 시작.

3장 - 성전 문에서 베드로와 요한에 의해 앉은뱅이가 고침 받다; 베드로가 흥미로워하는 대중에게 전도하다.

4장 - 베드로와 요한이 통치자들에게 체포되어 위협을 받았으며, 제자들은 담대히 증언할 수 있기 위해 기도함.

5장 - 아나니아(Ananias)와 삽비라(Sapphira)가, 성령님을 속인 것 때문에 즉사하다; 사도들이 옥에 갇혔고, 위협을 받았고, 매 맞았지만, 그리스도를 계속해서 전도했다.

6장 - 일곱 집사들이 사도들을 돕기 위해 뽑혔는데, 가난한 자들을 날마다 돌보는 일을 했으며, 이 가운데 한 사람인 스데반(Stephen)은 주님께 능력 있게 사용됐다.

7장 - 스데반이 정죄의 영적 메시지를 공회에 내리자 돌에 맞아 순교했으며, 바울(Paul)에 대한 첫 언급이 나온다.

8장 - 총체적인 박해가 믿는 자들을 멀리 흩어지게 했는데, 빌립(Philip)과 딴 사람들에 의해서, 사마리아(Samaria)가 복음화 됐다.

9장 - 주께서 사울(Saul)에게 다메섹 길(the Damascus road)에서 말씀하셨으며; 그는 회심(回心)이 되어 그리스도를 전했다; 베드로가 애니아(Aeneas)를 고치고, 죽었던 도르가(Dorcas)를 살려 일으키다.

10장 - 베드로가 하나님의 인도하심을 받아서 최초의 이방인들에게 복음을 전했으며, 고넬료(Cornelius)와 그의 가족이 구원 받았다.

11장 - 베드로는, 자기가 고넬료에게 전도한 것에 대한 비판에 대답했으며, 바나바(Barnabas)와 사울은 안디옥(Antioch) 교회에서 사역했다.

12장 - 헤롯(Herod)이 야고보(James)를 죽이고, 베드로를 투옥했다. 베드로가 천사로 말미암아 건짐 받았으며, 헤롯은 흉악한 병으로 급사하다.

2. 이방 사람들에 대한 바울의 사역(13장 ~ 23장)

13장 - 바울과 바나바가, 성령님에 의해 그들의 첫 선교여행에 파송 받다; 그들이 구브로 (Cyprus)로 항해했으며, 그리고나서는 본토(mainland)로 돌아갔는데, 그들이 안디옥에서 많은 청중을 가졌었으나, 질투하는 유대 사람들의 반대를 당했다.

14장 - 그들이 이고니온(Iconium)에서 전도하다; 바울이 신체부자유 한 자를 루스드라(Lystra)에서 고쳤지만, 후에 거기서 돌에 맞았다; 사도들이 공적 여행 후에 드디어 안디옥으로 돌아왔다.

15장 - 예루살렘 공회가 유대화주의자들(the Judaizers)을 비난하다; 바울과 실라(Silas)가 제2차 선교여행을 떠나다.

16장 - 바울이 유럽(Europe)에서 마게도냐(Macedonia)에 대한 선교를 주도하다. 빌립보(Philippi)에서의 그의 사역.

17장 - 바울이 데살로니가(Thessalonica), 베뢰아(Berea) 및 아덴(Athens)에서 전도하다.

18장 - 바울이 고린도(Corinth)와 에베소(Ephesus)에서 전도했으며, 그 다음에는 안디옥으로 돌아왔다; 그리고나서 제3차 세계 선교여행으로 떠났다(거대한 인구 집결지에서의 그의 활동 방법을 주시하라; 개종자들은 복음을 듣고 주변의 지역들로 떠났다).

19장 - 그는 에베소(Ephesus)에서 3년간 사역한다(20절 - 31절); 데메드리오(Demetrius)가 그에게 반대하는 폭동을 일으키다.

20장 - 바울이 다시 마게도냐(Macedonia)와 그리스에서 활동하고 나서 드로아(Troas)와 밀레도(Miletus)로 돌아와, 에베소 장로들에게 이별의 인사를 전하다.

21장 - 바울이 예루살렘으로 가서 성전에서 예배드리는 동안, 군중에게 잡혔다.

22장 - 바울이 군중에게 말하다.

23장 - 바울이 공회 앞에 서게 되고, 로마 총독 벨릭스(Felix)가 있는 가이사랴(Caesarea)로 보내어지다.

24장 - 바울이 벨릭스(Felix) 앞에서 증거하다.

25장 - 바울이 베스도(Festus)와 아그립바(Agrippa) 앞으로 이끌려 오다.

26장 - 바울이 베스도와 아그립바 앞에서 증거 하다.

27장 - 바울이 바닷길로 로마를 향해 가다가 파선을 당함.

28장 - 바울이 멜리데(Milita=Malita)에서 겨울을 보내고 난 다음에 로마로 떠났는데, 거기서 유대 사람들이 그의 영적 교훈을 들었으며; 2년 동안 로마에 머물면서, 상당한 자유를 누렸다.

바울 서신들

서 론

1. 저자

전에는 다소의 사울(Saul of Tarsus)이었던 사도 바울(the Apostle Paul). 그의 경력을 세 가지로 분류해서 마음에 간직할 때, 사람은 이방인들에 대한 위대한 사도(the great Apostle to the Gentiles)의 가르침들을 더 잘 이해할 수 있다.

(1) 그의 초기의 생애; 나면서부터 유대 사람으로서 히브리인들 중의 히브리인(a Hebrew of the Hebrews)으로서 대체로 바리새인들의 영향을 받았으나, 그리스 문화에 철저히 통달했으며, 로마의 시민권을 가지고 있었다. 기독교에 대해서 "양심적으로 반대하던 자"(a conscientious objector)였던, 총명하고 높은 교육을 받은 자였다.

(2) 다메섹(Damascus)으로 가는 길에, 부활하신 주를 만나 뵈었을 때, 그는 놀라웁게 개종(회심)됐다.

(3) 그 후에 30년 동안, 그리스도와 밀접한 동행을 하면서, 열매 맺는 사역을 했다. 신약성경의 13서신들이 그에 의해서 기록됐으며, 제1절에 그의 이름이 적혀있다. 한 서신(히브리서)이 아무 이름도 적혀 있지 않지만, 많은 사람이 바울이 저술했다고 생각하고 있다.

2. 수신자들

여덟 서신들이, 원래 개별적인 지역 교회들에 쓰여졌는데: 고린도(Corinth)와 데살로니가(Thessalonica)에 각각 두 통씩; 로마, 에베소, 빌립보, 골로새에 각각 한 통씩 보냈다. 한 편지는 한 교회의 집단들, 곧 갈라디아 사람들(Galatians)에게 보냈다. 네 편지는 개인들에게; 두 편지는 디모데(Timothy)에게; 디도(Titus)와 빌레몬(Philemon)에게 각각 한 통씩 보냈다. 이름이 밝혀지지 않은 유대 그리스도인들에게 보낸, 히브리서(Hebrews)가 있다.

3. 기록 연대들

주후 35년에 사울(Saul)이 회심했다. 첫 선교여행- 주후 45-50년. 제2차 선교여행- 주후 51-54년.

(1) 데살로니가서들(Thessalonians)이 제일 먼저 쓴 편지들- 주후 52년. 제3차 선교여행- 주후 54-58년.

(2) 디모데서들(Timothies)이 마지막 서신들이라고 생각됨– 주후 67년경.

4. 본서의 기록 목적

그리스도의 몸으로서의 교회에 관해, 필요한 진리들을 제시하기 위해서; "교회의 회원, 특권들, 책임들 및 운명"(스프링거〈Springer〉).

5. 주제

교회(the Church).

6. 본서의 요절(엡 3:1–12, 고전 12:12–27)

열쇠가 되는 단어들: "교회"– 64회(히브리 사람들〈Hebrews〉 포함); "은혜"– 97회(히브리 사람들 포함); "복음"– 68회(히브리 사람들 포함); "믿음"– 167회(히브리 사람들 포함).

로마서

서 론

1. 저자

사도 바울(Paul the Apostle)(1:1).

2. 수신자들

로마에 있는 교회(1:6-7,15). 이 교회가 언제 설립됐으며, 누구에 의해 그렇게 됐는지에 대해 아무도 알지 못한다. 바울은 개인적으로 거기에 간 일이 없었지만, 이 세계적인 수도(首都, the world metropolis)(1:9-13; 15:22-29)에 오랫동안 가고 싶어 했다; 비록 그의 방문이 죄수로서의 그것일거라는 것을 미리 실감하지는 못했겠지만, 사실상 그런 방문이 하나님의 의도하심이라는 것(행 19:21)을 느꼈다.

3. 기록 연대

몇 가지 요인들이, 고린도(Corinth)를 기록 장소로서 제시하고 있다(16:1-2). 아마도 바울의 제2차 방문 중에 기록된 것 같다(주후 약 58년).

4. 본서의 기록 목적

(1) 바울은 로마를 방문코자 하는 그의 소원을 나타내고, 그의 결과적인 도착(1:10; 15:24)을 위해 길을 예비하다.

(2) 바울은 즉각적인 기록 사역을 원했는데, 그것은 그의 개인적인 사역이, 섭리적으로 방해를 받아왔기 때문(1:13)이다.

(3) 로마 교회는 명백히 이방인 중심이었다(16장의 이름들을 참조하라). 그렇지만 유대인 신자들도 있었다(7:1; 11:13을 보라). 그런데 유대인들로 말미암은 기독교 배척의 문제가 있었으며, 이스라엘을 위한 하나님의 장래 목적이, 긴박한 중요성을 지니고 있었다. 질문에 대한 긴 대답이 9장에서부터 11장까지에서 주어졌다.

(4) 동시에 율법적인 유대주의자들(legalistic Judaizers), 아마도 사람들

을 속이려고 시도했던 것(그들이 근자에 갈라디아〈Galatia〉에서, 그리고 그보다 앞서서는 안디옥에서 그러했듯이)인데, 믿음으로 말미암아 의롭게 되는 문제(justification by faith)에 대한 명백한 해석이, 전략적으로 자리 잡고 있던 그런 교회에게 필요했다(롬 16:17-19).

5. 주제

그리스도의 복음(the Gospel of Christ).

6. 본서의 요절(1:16,17)

열쇠가 되는 단어들: "의롭다 하다"(그리고 칭의)- 17회; "믿음"- 37회; "그리스도"- 39회.

로마서의 개론

1. 서론(1:1-7)

2. 교리적(Doctrinal)(1:18 ~ 8:39)

(1) 복음의 필요성(1:18-3:20).

① 부도덕적이고, 우상숭배적인 이교세계의 상태(1:18-32).

② 문화적이고 도덕적인 이방인들의 상태(2:1-16).

③ 자칭 의롭다고 여기는 유대 사람들의 상태(2:17-29).

④ 모든 인류의 상태(3:1-20).

(2) 믿음으로 말미암아 의롭다 칭하심 받음(믿음으로 말미암아 의롭게 됨〈Justification by faith〉)(3:21-5:21).

① 예수 그리스도께 대한 믿음으로 말미암아 (through faith in Jesus Christ), 의롭다 하심을 받음(3:21-31).

② 구약성경의 증거(4:1-25).

③ 이신칭의(以信稱義)의 결과(5:1-11).

④ 두 조상(the two heads)과, 그들의 두 가지 행동의 결과들(5:12-

21).

(3) 믿는 자의 삶에 있어서, 죄에 대한 승리(6:1-8:39).

① 믿는 자는, 죽음과 부활에 있어서 그리스도와 연합됐기 때문에 (because of union with Christ), 죄에 대해 승리 한다(6:1-23).

② 믿는 자는 율법아래 있지 않다(7:1-6).

③ 승리하는 그리스도인의 삶은, 율법을 통과하지 않는다(7:7-25).

④ 생명의 성령의 법(the law of the Spirit of life)을 통한 승리(8:1-13).

⑤ "성령님을 따르는 삶"(life after the Spirit)의 결과(8:14-39).

3. 경륜적(Dispensational)(9장 ~ 11장)

(1) 이스라엘의 과거 - 이스라엘에게 보여 주신 하나님의 자비가, 항상 그분의 주권에 기초한 것이었다(9장).

(2) 이스라엘의 현재 - 하나님의 징치(懲治, discipline)가 작용하다(10장).

(3) 이스라엘의 장래 - 국가적인 회복(11장).

4. 실천적(practical)(12:1 ~ 15:13)

(1) 자기 자신에게 관계된 그리스도인의 삶(12:1-2).

(2) 그리스도의 몸에 관계된 그리스도인의 삶(12:3-16).

(3) 모든 인류와 관계된 그리스도인의 삶(12:17-21).

(4) 땅의 정부와 관계된 그리스도인의 삶(13:1-14).

(5) 의심스러운 문제들과, 보다 믿음이 약한 형제들에 관계된 그리스도인의 삶(14:1-15:3).

(6) 유대인들과 그리스도 안에 있는 이방인 모두를 위한 기쁨, 평안과 소망(15:4-13).

5. 결론(15:14 ~ 16:27)

(1) 제자들을 위한 영적 축복을 소원하는 바울(15:14-33).

(2) 바울의 인사와 작별의 권면(16:1-27).

고린도전서

서 론

1. 저자

사도 바울(1:1).

2. 수신자들

고린도(Corinth)에 있는 교회(1:2). 바울은 또한 이 편지가 이 특정한 교회를 뛰어 넘어, "각처에서 우리 주, 곧 저희와 우리 주되신 그리스도의 이름을 부르는, 모든 자들에게" 보내려는 것이었다. 바울의 시대에, 고린도는 인구 60만명에서 70만명을 가진 중요한 상업도시였다. 그곳은 그리스의 도시였으며, 체육의 중심지로 알려져 있었다(고전 9:24-27). 도덕적인 수준이 낮았으며, 미의 여신 아프로디트(Aphrodite)의 전각(殿閣)이 있었으며, 이것과 관련해서 약 1,000명의 창녀들이 있었다. 고린도 그리스도인들이, 도덕적으로 문란하게 살기 쉽다는 것이, 그들에게 큰 시련이었다. 고린도에서의 바울의 사역이, 그의 2차 선교여행 동안이었다는 것이, 사도행전 18장 1절-18절에 기록됐으며, 그는 1년 반 이상 거기에 머물러 있었다(행 18:11,18). 많은 사람이 주께로 돌아왔다(행 18:9-10).

3. 기록 연대

바울의 제3차 선교여행 도중인, 주후 약 57년경에, 에베소에서 기록했다(6:7-8). 후에 그는 다시 고린도를 방문했다(행 20:1-2).

4. 본서의 기록 목적

(1) 교회 안에 있는 문제들에 관해(7:1; 또한 8:1; 12:1; 16:1). 고린도 교인들이 바울에게 질문한 문제들에 대답하기 위해서, 이 문제들을, 크고 작거나 정도의 차이는 있지만, 모든 교회들에게 공통적인 것이었다.

(2) 교회 안에서 일고 있는 싸움 정신(a spirit of contentious factionalism)(고전 1:11-13)을 책망하기 위해서였다.

(3) 유대주의자들에게 공격을 받고 있는 그의 사도적과 사역을 방어하기 위해서였다(고전 9장).

5. 주제

그리스도인의 행동의 잘못을 시정하려는 것

6. 본서의 요절(14:33,40)

고린도전서의 개론

서론(1:1 ~ 9)

(1) 인사(1:1-3).

(2) 감사(1:4-9).

1. 과오들이 시정되다: 분열이라는 과오들(1:10 ~ 4:16)

(1) 분열의 실재(1:10-17).

(2) 인간의 지혜 대 하나님의 지혜(1:18-25)(그들의 분열은, 사람의 지혜를 따르는데서 왔다).

(3) 하나님께서는 사람의 지혜를 제쳐 놓으신다(1:26-31).

(4) 하나님의 지혜의 중심적인 제목과, 바울의 전도의 그것(2:1-5).

(5) 하나님의 지혜는, 성령님으로 말미암아 우리에게 계시된다(2:6-13).

(6) 사람들의 상태는, 그들이 하나님의 지혜를 받아들이냐에 따라서 명백해진다(2:14-16).

(7) 고린도 교인들은 육신적(Carnal)이다 - 구원은 받았지만, 하나님의 지혜를 따르지 않고, 사람의 지혜를 따른다(3:1-9).

(8) 참 기초 위에 세워야 하나니(3:10-15).

(9) 하나님의 전(殿)의 파괴에 대한 경고(3:16-17).

(10) 그리스도인의 한계와 지원(3:18-23).

(11) 하나님의 청지기들(4:1-5).

(12) 사도적인 본보기(14:6-16).

2. 과오들이 시정되다: 불공정성이라는 과오들(4:17 ~ 6:20)

(1) 경건한 삶이, 신앙고백의 시험 과목이다(4:17-21).

(2) "묵은 누룩을 깨끗이 하라" (5:1-8).

(3) 그리스도인의 교제는 제한적이다(5:9-13).

(4) 그리스도인은, 세상 법에 호소하는 것을 경고 받다(6:1-11).

(5) 순결을 위한 최고의 호소(16:12-20).

3. 과오들이 교정되다: 결혼에 관한 과오들(7장)

(1) 결혼의 책임(7:1-7).

(2) 결혼한 자들에 대한 훈계들(7:8-24).

(3) 독신자들과 결혼한 자들에 대한 충고(7:25-40).

4. 과오들이 시정되다: 그리스도인의 자유에 관한 과오들(8장 ~ 11장)

(1) 우상들과 그들에게 바친 제물(그 자체로서는 무해한 것들에 대한 우리들의 태도, 그러나 다른 사람들에 대해 악한 조건을 제공하는 것(8:1-13).

(2) 사역의 자유(9:1-23).

(3) 경주의 달음질을 하다 - 그리스도인들의 자기훈련(9:24-27).

(4) 이스라엘의 역사로부터의 본보기들(10:1-13).

(5) 그리스도인의 자유와, 주의 만찬(the Lord' s Table)(10:14-33).

(6) 여자들의 정숙(modesty in women)에 관한 교훈들(11:1-6).

(7) 주의 만찬에 관한 교훈들(11:17-34).

5. 과오들이 시정되다: 영적인 은사들(Spiritual Gifts)에 대한 과오들(12장 ~ 14장)

(1) 영적 은사들은, 성령님에 의해 주권적으로 통제 받는다(12:1-11).

(2) 그리스도의 몸은, 인간의 몸에 비교된다(12:12-31).

(3) 더 탁월한 길 - 사랑의 길(that of love)(13장).

(4) 가장 위대한 은사 - 예언의 은사(14:1-40).

6. 과오들이 시정되다: 복음에 관한 과오들(15장)

7. 과오들이 시정되다: 돈에 관한 과오들(16:1-9)

8. 끝맺으면서 보태는 말들(10:10-24)

고린도후서

서 론

1. 저자

사도 바울(1:1).

2. 수신자들

고린도에 있는 교회(1:1; 6:11). 전번 편지를 보냈던 같은 교회. 또한 이 편지가, "모든 아가야에 있는 성도들"을 포함한 모든 그리스(아가야〈Achaia〉) 곳곳에 보낸다.

3. 기록 연대

고린도전서를 기록한 후 얼마 안돼서 기록함. 아마도 바울이 에베소를 떠나 마게도냐(Macedonia)의 어딘가에 있었을 동안인, 주후 57년 후반경에 기록한 것으로 여겨진다. 바울은 아직도 에베소에 있는 동안, 디도(Titus)를 고린도에 보냈다.

4. 본서의 기록 목적

바울은 고린도전서를 기록해 보낸 에베소(Ephesus)로부터 큰 위험에 직면했다(고후 1:8). 그는 드로아(Troas)로 가서(고후 2:12), 거기서 디도를 만나기를 기대했으나, 거기서 그를 만나지 못했다(고후 2:13). 거기서 그는 계속해서 마게도냐로 가서 거기서 디도를 만났을 때, 고린도 사람들이 전번 편지를 받은 후에, 대체로 호감을 표시했다는 보고를 들었다(7:5-11). 그러나 몇 가지를 더 말할 필요가 있다.

(1) 그는 고린도전서(고후 2:5-11)에 언급된 주 반대자(the chief offender)에게, 너무 엄격할까봐 두려워했다.

(2) 예루살렘에 있는(9:1-5), 가난한 성도들을 위해 거두는 헌금에 대해 추가적인 지시를 하고 싶어 했다.

(3) 그는, 자기를 비평함으로써 자신을 높이려는 거짓 교사들에 반대해

서, 그의 사도직과 권위를 지키기를 원했다(10:10; 11:4,13-15; 12:12; 13:3).

5. 주제

그리스도를 위한 복음 사역.

6. 본서의 요절(4:5; 5:20-21)

열쇠가 되는 단어들: 서로 다른 형태의 사역(使役, ministry) - 18회; 영광, 자랑(boast)(그리스어의 어근은 동일함) - 20회; (거짓 교사가 자랑으로 여기는 것과, 참 교사가 그리스도를 자랑으로 여기는 것이 서로 비교됐다 - 10:17).

고린도후서의 개론

1. 화해의 사역(5:18을 보라) - 참된 복음 사역의 원리들(1장 ~ 7장)

(1) 서론(1:1-11).

(2) 그의 양심은 깨끗하다; 그는 그가 의도했던 고린도 방문을 연기했는데, 문제가 가볍기 때문에서가 아니라 그들을 난처하게 만들지 않기 위해서였다(1:12-2:4).

(3) 그는 범죄자가 회개했을 때, 다시 받아드리기를 호소하다(고후 2:5-13; 고전 5:1을 참조하다).

(4) 참된 복음 사역의 첫 특징: 하나님을 아는 지식의 감미(甘味)로움을 선포할 때, 계속해서 승리하는 것(2:14-17).

(5) 참된 복음 사역은, 변화 받은 삶들을 통해 입증된다(3:1-5).

(6) 참된 복음 사역은, 구약 언약에서의 그것보다 훨씬 더 영광스럽다(3:6-18).

(7) 참된 복음 사역의 내용(4:1-6).

(8) 참된 복음 사역의 능력(4:7-15).

(9) 참된 복음 사역의 소망(4:16-5:10).

(10) 참된 복음 사역의 동기들(5:11-16).

(11) 참된 복음 사역의 본질(5:17-21).

(12) 참된 복음 사역의 시련들(6:1-10).

(13) 분리에 대한 부르심(6:11-7:1).

(14) 고린도인들의 행동에 대한 사도의 기쁨(7:2-16).

2. 헌금의 사역(the Ministry of Giving): 그리스도인들의 물질에 대한 참된 너그러움(true Christian Liberality)(8장 ~ 9장)

(1) 마게도냐 사람들(the Macedonians)의 좋은 본보기(8:1-6).

(2) 그리스도의 최고의 본보기(the supreme example of Christ)(8:7-9).

(3) 봉헌에 관한 충고(Advice concerning giving)(8:10-9:5).

(4) 자유의 행복한 결과(The happy results of liberality)(9:6-15).

3. 사도의 사역 - 바울의 권위에 대한 해명(10장 ~ 13장)

(1) 바울이 그의 사도적 권위를 주장하다(10장).

(2) 바울이 그의 권위를 주장하는 이유(11:1-15).

(거짓 사도들은 바울에 대한 신뢰를 저하〈低下〉시키되, 사람들로 하여금 단순한 복음의 내용에서 방황해 나가도록 한다).

(3) 그리스도를 위한 바울의 추가적인 고통들은, 그의 사도직의 증거이다(11:16-33). 그이의 생활 자체는, 그이의 진실성을 증거 한다.

(4) 바울이 받은 환상들과 계시들은, 그이의 사도직에 대한 추가적인 더 한 층의 증거이다 (12:1-10).

(5) 고린도인들을 위한 바울의, 자기를 돌보지 않는 사랑은, 그의 사도직의 추가적인 증거이다 (12:11-18).

(6) 바울은 그가 다시 올 때, 그의 사도적인 권위를 나타낼 것이다 (12:19-13:10).

(7) 결론(13:11-14).

갈라디아서

서 론

1. 저자

사도 바울(1:1; 5:2).

2. 수신자들

갈라디아(Galatia) 교회들(1:2; 3:1). 갈라디아는, 소아시아 중앙에 있는 로마의 한 도(province)였다. 바울은 이 지경을, 제2차 선교여행 때 실라(Silas)와 더불어 방문했으며(행 16:6), 그의 제3차 선교여행 초기에(행 18:23) 또 방문했다. 갈라디아인들은 갈라디아 사람들(Gauls)로서, 원래는 서부 유럽으로부터 그곳에 이민해 온 자들이었다(4:15). 그러나 변덕스럽고 남의 꼬임에 빠지기 쉬웠으며(1:6; 3:1,3); 또한 말다툼을 잘하는 경향이 있었다(5:15).

3. 기록 연대

아마도 주후 55-56년경에, 에베소(Ephesus)로부터(행 18:23; 19:1) 기록해 보낸듯하다.

4. 본서의 기록 목적

사도행전 15장 1절에 언급된 유대 율법주의자들(the Judaizers)이, 계속해서 작용하고 있었다. 그들은 여러 곳에서 바울의 사역을 방해하려고 시도했으며, 특히 갈라디아에서 성공적이었다(1:6-7; 4:17; 5:12; 6:12-13). 그들의 과오는, 행위로 믿음을 대신하려는데 있지 않고, 차라리 행위와 믿음을 결합하려는데 있었다(그들은 말하기를, 죄인은 믿음에다가 행위들을 보태야 구원 받고, 구원받은 자들은 모세의 율법을 지키는 행위들을 통해, 완벽해져야 한다고 했다).

바울은 기록했다:

(1) 참된 복음을 방어하기 위해서.

(2) 이 거짓된 가르침을 폭로하고 정죄하기 위해서.

(3) 율법의 참된 목적을 나타내기 위해서.

(4) 어떻게, 믿는 자가 성령님 안에서 걸음으로써(by walking in the Spirit) 그리스도인의 삶에 완벽해 질 수 있을 지를 보여주기 위해서.

5. 주제

그리스도인의 자유가 방어되다.

6. 본서의 요절(5:1)

열쇠가 되는 단어들: "율법" - 12회; "믿음" - 21회.

갈라디아서의 개론

1. 바울이 그의 영적 메시지와 사도직을 방어함(1장 ~ 2장)

(1) 인사(1:1-5). 아주 간략하다. 다른 편지들의 대부분에서와 같이 아무 감사의 말도 포함되지 않았다. 바울은 커다란 감정의 밀도를 가지고, 그의 주제로 들어간다(심지어 1절에서도 그는, 자기의 권위에 대해서 말한다). 교리적인 과오 때문에 그들에게 더 엄격히 대하는 것이, 고린도인들의 행동의 과오를 대할 때보다 더했다.

(2) 복음을 왜곡하는 자들에 대한 정죄(1:6-9).

(3) 바울의 복음의 영적 메시지는, 인간적인 산물이 아니라, 하나님의 계시에 의해서 그에게 주어진 것이다(1:10-14).

(4) 바울의 사도직은, 하나님께로부터 직접 온 것이지, 예루살렘에 있는 다른 사도들에게서 온 것이 아니다(1:15-24).

(5) 바울의 사도직은, 예루살렘에 있는 다른 사도들에 의해 확인됐다(2:1-10).

(6) 안디옥에서 바울이 베드로를 책망한 것은, 그의 독립적인 권위를 보여주는 것이다(2:11-21)

2. 바울이 율법과 은혜의 대조를 보여주다(3장 ~ 4장)

(1) 율법과 믿음의 결과들(3:1-14).

① 성령님은 율법이 아니라 믿음을 통해 주어진다(1-5).

② 의(칭의)는 믿음을 통해 오는 것이지 율법을 통해서 오지 않는다(6-9).

③ 율법은 저주하지만 - 그리스도께서는 저주로부터 우리를 구속하신다(10-14). 믿음을 통해 구속 받은 후, 왜 우리 자신을 율법 아래와 저주 아래 다시 넣으려고 하는가?

(2) 율법은 아브라함(Abraham)에게 한 약속을 무효로 할 수 없었다(3:15-18). 복음의 기초를 놓은 이 약속은, 율법이 주어지기 오래 전에 왔다. 그것은 율법이 그것을 취소하거나, 그것에다가 무엇을 덧붙이지 못하게 하기 위해서이다.

(3) 율법의 진정한 목적(3:19-25), 그것은 구원의 길을 제공하기 위해 덧붙인 것이 아니라, 사람에게 그의 범죄, 그의 참 도덕적인 상태를 보여주기 위해(19) 주어졌다. 그것은 유대 사람들을 그리스도께로 인도하기 위한, 몽학선생(蒙學先生- a schoolmaster〈어린이 훈련교사〉)이었다(24). 이제 믿음이 왔고 - 그리스도께서 충분히 계시되셨으니 만큼, 그리고 복음이 명확히 알려진 만큼- 몽학선생은 더 이상 필요 없다(25).

(4) 그리스도께 대한 신앙은, 우리를 하나님의 아들들의 위치로 데려온다(3:26-29). 율법은 여기에다 아무것도 더 보태지 못한다.

(5) 하나님의 아들들로서의 믿는 자들의 놀라운 입장(4:1-7).

(6) 복음으로부터 율법으로 돌아가, 그들은 심지어 그들의 이교도 시대와 마찬가지로, 구원을 위해 형식들과 의식들로 되돌아가고 있었다(4:8-20).

(7) 비유(4:21-31). 여종의 아들들(율법)이 아브라함의 아들들로 보일

수 있을 것이다. 그러나 아브라함의 참 아들들은, 약속의 아들들(믿음)이다. 그러나 둘은 공존할 수 없다; 여종과 그녀의 아들은 쫓겨나야 한다.

3. 바울은 참된 신자의, 참 거룩한 삶의 방법을 보여주다(5장 ~ 6장)

(1) 갈라디아 인들이 그들의 그리스도인다운 자유(their Christian liberty)에 굳세게 서 있을 것을 권고 받다(5:1-12).

(2) 그렇지만, 그리스도인다운 자유는, 약함의 변명으로 사용돼서는 안 된다(5:13-15).

(3) 거룩한 삶의 참된 방법은, 성령님 안에서 걷는 것이다(5:16-26).

(4) 죄 지은 형제를 은혜 아래서 다루는 방법(6:1-5).

(5) 파종하고 수확하는 방법은, 은혜 아래서도 여전히 참되다(6:6-10).

(6) 결론(6:11-18).

에베소서

서 론

1. 저자

사도 바울(1:1; 3:1).

2. 수신자들

에베소(Ephesus)에 있는 교회(1:1). 에베소는 아시아의 로마 도(都)의 주요 도시였다(그것은 우리가 소아시아(Asia Minor)라고 지금 부르는 것의 서쪽 3분지 1을 형성한다). 도시로써의 그것은, 지금의 경륜이 시작되는 세월 동안 하나님의 특별한 복을 받았다. 바울은 거기 있으면서, 3년 가까이 노력했다(행 20:31). 이 사역의 기록은, 사도행전 19장에서 발견된다. 그가 떠난 후, 그는 일을 지속하기 위해 디모데(Timothy)를 보냈다(딤전 1:3). 다른 저명한 기독교 지도자들도 에베소에서 사역했는데 - 아굴라(Aquila), 브리스길라(Priscilla), 아볼로(Apollos)등이다. 에베소의 장로들에 대한 바울의 작별 내용들 뿐 아니라 현재의 서신을 보면(행 20:17-38), 사실상 하나님의 말씀이 에베소에서 비옥한 토양에 떨어져 많은 열매를 거뒀다. 전설에 따르면 사도 요한 역시 그이의 삶의 후반기 동안에, 그곳을 그의 사역의 중심지로 삼았다고 한다(계 2:1-7).

사도 바울 역시 이 편지를 기록할 때, "그리스도 예수 안의 신실한 자들"(the faithful in Christ Jesus)(1:1), 곧 처처에 있는 모든 믿는 자를 뜻한다(갈 3:9).

3. 기록 연대

분명히 바울이 로마에서 수감되어 있을 때 기록한 듯하다(3:1; 4:1; 6:20; 행 28:16,30,31). 주후 약 62년경이었다.

4. 본서의 기록 목적

(1) 바울은, 이 믿는 자들의 기독교 신앙을, 굳세게 하기를 바랐다(3:16 - 19).

(2) 그는 그들이 옛 생활의 일들로부터 돌아서 "새 사람을 입기를"(put on the new man) 권고하기를 바랐다(4:17-24 등).

(3) 그는 유대 사람들과 이교도들이, 그리스도의 몸 안에서 일치한다는 것을 보여주기 원하는 것을 기록하고 싶어 했으며(2:14-18), 그리스도의 몸의 한 회원으로서의 영광스러운 입장을 나타내고자 했다(1:8; 4:1).

5. 주제

그리스도의 몸의 회원으로서의 믿는 자의 하늘의 위치 및 이 위치에 상응하는 날마다의 삶.

6. 본서의 요절(1:3; 4:1)

열쇠가 되는 단어들: "안에" - 93회(그리스 원문에는 89회)- 매우 중요한 단어로서- 영적생활의 진정한 비결을 나타낸다. "그리스도 안에"(in Christ) 있다(1:1); "하늘에 있다"(in the heavenlies)(1:3); "은혜" - 12회; "몸" - 8회(유기체로서의 교회에 관해 사용됨); "걷다"(walk)- 8회(우리의 지위 때문에 우리가 사는 방법).

에베소서의 개론

1. 믿는 자의 지위("그리스도 안에서 하늘에 속함" 〈in the Heavenliness in Christ〉(1장 ~ 3장)

(1) 인사(1장-2장).

(2) 믿는 자의, 그리스도 안에서의 영적인 축복(1:3-14).

① 축복들에 관한 진술(3절).

② 우리가 받는 복락들에 있어서 성부께서 하시는 일(4-6).

③ 우리가 받는 복락에 있어서, 성자께서 하시는 일(7-12).

④ 우리가 받는 축복에 있어서, 성령님께서 하시는 일(13-14).

(3) 사도의 첫 번째 기도(1:15-23)인데, 이 기도는 믿는 자들로 하여금 다음의 것을 알게 하려는 것, 곧 성부께서, 주 예수 그리스도가 그분의 백성을 위하신다는 지혜를 가지게 하신다는 것이다.

(4) 믿는 자의 과거, 현재 및 미래(2:1-10).

(5) 유대인들과 이교도들은, 그리스도 안에서 하나님의 살아 있는 성전(a living temple of God)을 형성한다(2:11-22).

(6) 신비에 대한 계시(3:1-12)

(7) 사도의 두 번째 기도(3:13-21). 믿는 자들이, 하나님께서 그리스도 안에서 공급해 주신다는 것을 알게 하기 위해서다.

2. 믿는 자가 살아가는 길(4:1~ 6:9)

(1) 믿는 자는, 성령님의 일체되게 하심(the unity of the Spirit)을 지키도록 노력해야 한다 (4:1-6).

(2) 믿는 자는, 그리스도의 몸의 육성을 위해(게 하는 것) 그에게 주어진 은사(恩賜)들을 사용해야 한다(4:7-16).

(3) 믿는 자는, 이교도들이 걷듯이 걸어서는 안된다(4:17-32).

(4) 믿는 자는, 사랑 받는 아들이 그의 하늘 아버지를 본받듯이 살아가야 한다(5:1-14).

(5) 믿는 자는, 성령 충만한 걸음을 걸어야(삶을 살아야〈to have a Spirit - filled walk)(5:15-21) 한다.

(6) 아내들, 남편들, 자녀들, 아버지들, 종들 및 상전(上典)들에 대한 특별 훈계들(5:22-6:9).

3. 믿는 자의 전쟁(6:10-24)

빌립보서

서론

1. 저자

사도 바울(1:10). 디모데가 자기 자신과 연결을 짓지만, 분명히 바울이 단독적인 기자인 것은, 그가 내내 제1인칭으로 말하고 있기 때문이다.

2. 수신자들

그리스도 예수 안에서, "빌립보에 사는 모든 성도"(All the saints in Christ Jesus at Philippi). 성도는, 거룩한 교제와 봉사를 위해 구별해 놓은 자(one set apart)이다. 경험삼아 얻어보려고 애쓸 지위를 말하는 것이 아니다. 그러나 우리는 언제나, 우리의 지위와 일치하는 삶을 살도록 애써야 한다. 특별히 이 교회의 감독들(복수에 주목하라)과 집사들에게 기록했다는 것에 주목하라. 감독은 "살피는 자"(overseer)이니, 분명히 장로의 직분을 가르킨다. 집사는 종을 의미한다. 그러나 자발적인 종(a voluntary one)이다. 교회의 세상적인 문제들을 다루는 자들을 언급한다.

빌립보(Philippi)는 마게도냐(Macedonia)의 옛 도시였다. 전에는 다른 이름으로 불렸지만, 주전 356년에 마게도냐의 빌립(Philip of Macedonia)(알렉산더 대왕의 아버지)에 의해 합병되어, 그의 이름을 따서(빌립보 "빌립"에 관한 도시) 불렀다. 후에 로마의 식민지가 됐는데(행 16:12), 그것은 로마 자체의 일부가 식민지들의 집단에 옮겨졌다는 뜻이다. 이렇듯 그 주민들은 로마의 시민들이 됐으며, 그들의 원로원(senate)과 재판관들(judges)에 의해 통치를 받았으며, 그 도의 총독의 통제 아래 있지 않았다. 사람들은 이 권리들을 대단히 자부했으며, 사도행전 16장 20,21절에서의 바울(Paul)과 실라(Silas)에 반대하는데, 쉽게 동원됐다는 것은 얼마나 그들이 그권리들을 자부하며 살았다는 것을 설명해 준다. 바울은 틀림없이 이것을 마음에 간직했을 것이고, 빌립보 3장 20절에 사용한 그런 말투들을, 사용했던 것으로 보인다.

이 교회의 극적인 설립이 사도행전 16장에 기록됐다. 이것은, 주후 51년경 바울의 제2차 선교여행 때에 일어났다. 사도행전 16장에 보면 특별한 세 회심자가 언급됐는데, 한 유대 여자(a Jewess)(또는 유대 개종자 - 루디아〈Lydia〉), 그리스 태생 여종 한 사람, 로마 장교 한 사람이었다. 복음은 모든 계층과 인종들 안에서 역사한다. 바울은 데살로니가전서 2장 2절에서, 그가 빌립보에서 당한 고통들에 관해서 말하고 있다. 거기 있는 사람들은 그를 사랑하여 그의 물질적 필수품들을 위해 물질들을 보냈다. 그들은 바울이 데살로니가에 있는 동안, 두 번이나 이 일을 했다(빌 4:15,16). 그리고 또 다시 세 번째로 아직 그가 고린도에 있으면서, 이 편지를 그들에게 쓰기 바로 직전에, 세 번째로 그를 원조했다(고후 11:9; 빌 4:10,18).

3. 기록 연대

주후 약 63년 내지 64년경, 로마로부터 기록한 것(4:22; 1:13; 행 28:16 참조). 바울의 첫 수감생활이 끝나 갈 무렵에 기록한 것.

4. 본서의 기록 목적

빌립보 사람들은 바울의 투옥에 관해 듣고, 에바브로디도(Epaphroditus) 편에 그에게 물질을 보냈다(4:18). 에바브로디도가 로마에 있는 동안 중병에 걸렸었으며, 이 소식이 빌립보 사람들에게 전달됐다. 그들이 이 소식을 듣고 크게 염려했다는 소식을 들었다. 이 때문에 에바브로디도는 염려했으며, 바울은 그를 빌립보 사람들에게 다시 보내서, 그들에게 바울 자신이 따르기를 바랐던 것을 그들에게 권고했다(2:24-30). 이것은 적어도 로마와 빌립보로부터 700마일이 떨어진 곳들을 한 달 동안 여행한다는 것을 의미했다. 바울이 2년 동안 로마에 살고 있으니만큼(행 28:30), 시간이 사실상 얼마 남지 않은 것으로 보인다.

빌립보에는, 아무 심각한 교리적 과오가 없었음이 분명하다. 편지는 아래의 목적을 위해 기록됐는데:

(1) 선물을 보내준 것에 대한 감사.

(2) 바울의 계획된 여행에 대한 당부.

(3) 그들이 계속해서 그리스도와 전진할 것에 대한 권고.

(4) 거짓된 유대화주의 교사들(the Judaizing teachers)에 대한 경고(3장).

(5) 두 여인, 유오디아(Euodia)와 순두게(Synthyche)(4장).

5. 주제

주 안에서 기뻐하라(1:26; 3:1,3; 4:4,10), 그리고 그리스도인의 충만한 기쁨을 경험하라.

6. 본서의 요절(4:4)

열쇠가 되는 단어: "기쁨(기뻐하라)" - 18회.

빌립보서의 개론

1. 복음의 과정에서의 기쁨(1장)

(1) 인사(1,2).

(2) 찬송과 기도(3-11).

(3) 박해와 거짓된 동기 중에서도, 복음의 전진(12-18).

(4) "사나 죽으나" 그리스도께서 존귀히 되시기를 바라는 바울의 결심(19-26).

(5) 충성된 신자들의 증거에 대한 바울의 기쁨(27-30).

2. 희생적인 섬김을 기뻐하다(2장)

(1) 겸손의 중요성(1-11).

(2) 희생적인 봉사를 함으로써, "세상에서 그들 가운데 빛들로" 나타나

는 것을 발견하는 기쁨을 누리며(12-18).

(3) 희생적인 섬김의 추가적인 본보기: "자기를 돌보지 않는 목자" 디모데와, "헌신적인 심부름꾼" 에바브로디도를 생각하게 된다(19-30).

3. 올바른 사람들 때문에 기뻐한다(3장): 자아나 육신이 아니라, 주 안에서 사는 자

(1) 그리스도인의 본보기인 바울(1-17).

(2) 그리스도의 친구들과 원수들의 구분(18-21).

4. 하나님의 평안 안에서 기뻐함(4장)

(1) 형제들 사이의 일치의 평안(1-3).

(2) 하나님을 완전히 의지하는데서 오는 평안(4-7).

(3) 마음의 순결에서 오는 평안(8-9).

(4) 어떤 상태에서든지 만족하는데서 오는 평안(10-12).

(5) 그리스도의 능력을 의지하는데서 오는 평안(13-20).

(6) 결론(21-23).

골로새서

서 론

1. 저자

사도 바울(1:1,23; 4:18). 1장 1절에서 디모데를 그 자신과 연결시키기는 하지만, 분명히 단독 기자로서, 그는 종종 제 1인칭으로 말한다(1:25,29; 4:7-8, 등).

2. 수신자들

"골로새에 있는 성도들, 곧 그리스도 안에서 신실한 형제들" (1:2); 골로새에 있는 교회. 부리지아(Phrygia) 지방 리쿠스(Lycus) 강변에 있는 대도시는, 우리가 소아시아(Asia Minor)라고 부르는 곳이었다. 그것은 에베소(Ephesus) 동쪽 100마일, 라오디게아(Laodicea)로 부터는 단지 10마일, 히에라볼리스(Hierapolis)로부터는 13마일(4:13,16을 보라)이었다. 사도행전에는 바울이 골로새를 방문했다는 기록이 분명히 없다. 따라서 그는 그곳에 교회를 설립하지 않았다(2:1). 아마도 에바브라(Epaphras)가 세운 것 같다(1:7; 4:12,13). 빌레몬(Philemon)이 거기 살았으며(4:9에 보면, 빌레몬서 10절,23절; 또한 빌레몬서 2절과 골로새서 4장 17절을 참고), 교회가 그의 집에서 모였다. 그렇지만 다른 사람들은, 다른 집에서 모였다(4:15).

3. 기록 연대

바울이 로마에서 첫 번째 수감생활을 하고 있을 무렵인 주후 62년에, 에베소서를 썼던 같은 때에 쓴 것으로 보인다(골 1:24; 엡 3:1; 골 4:10; 몬 :9).

4. 본서의 기록 목적

비록 바울이 골로새(Colosse)를 방문한 적은 없었을지라도, 그는 분명히 로마에서 같이 수감돼 있었던 에바브라(Epaphras)를 통해(몬 23) 그곳에 있는 교회에 대해 알게 됐다. 그는 이 편지를 두기고(Tychicus)(4:7-9)를 통해 그들에게 보냈는데, 두기고는 오네시모를 동반하고 있었다(몬 10-12). 바울 자신은 후일에 그들을 방문하기를 바랐다(몬 22). 바울은 그들에게, 교리와 실천의 과오을 경고하기 위해 기록했다.

(1) 인간적인 철학에 반대하라고 그들을 경고하고, 그리스도께 최고의 자리를 드리도록(to give Christ supreme place)(2:8-10; 1:18), 그들을 권고하기 위해서.

(2) 그들에게, 의식주의(ritualism) 및, 분명히 그곳에도 있었던 것으로 여겨지는 유대화주의자들(Judaizers)에 대해 경고하기 위해서.

(3) 그들에게 천사들의 숭배(the worships)와, 거짓 신비주의(false mysticism)(2:18 - 19)에 대해 경고하기 위해서.

(4) 금욕주의(asceticism)에 반대하도록 그들에게 경고하기 위해서(2:20 - 23). 금욕주의: "자기에게 가하는 고통(self-torture), 또는 자기부정(self - denial)을 통해, 사람이 그 자신을 훈련해서, 영적 또는 지적으로 높은 상태에 도달하려고 하는 것" (웹스터 〈Webster〉). 이 교회에서 사람들은, 인간의 지혜와 제도들을 너무 강조하고, 그리스도께는, 그분께서 마땅히 가지셔야 할, 최고의 자리를 드리지 않으려고 한다.

5. 주제

그리스도의 탁월하심(1:15-19). 그분은 교회의 머리(the Head of the Church)이실 뿐 아니라, 전 우주의 머리(the Head of the whole universe)로 묘사 되셨다.

6. 본서의 요절(1:18; 2:10)

열쇠가 되는 단어: "머리" - 3회.

골로새서의 개론

1. 그리스도의 최고 영광(1장)

(1) 인사(1,2).

(2) 감사(3-8).

(3) 사도의 기도(9-14).

(4) 그리스도의 사람 되심(the person of Christ)의 최고 영광(15-19).

(5) 그리스도의 성업(聖業)의 최고 영광(20-29).

2. 과오에 반대하는 경고(2장)

(1) 교묘한 말들에 속아 넘어가는 것에 반대하는 경고(1-7).

(2) 단순한 인간의 지혜와 세상적인 가르침들에 반대하는 경고(8-10).

(3) 의식주의(ritualism)에 반대하는 경고(11-17).

(4) 천사들을 숭배하는 것과, 신비주의에 반대하는 경고(18,19).

(5) 금욕주의에 반대하는 경고(20-23).

3. 그리스도 안에서의 새로운 삶(3장)

(1) 참 분리(1-4).

(2) 악한 죄들(vile sins)에 반대하는 경고(5-7).

(3) 더 존경스러움을 가장하는 죄들(more respectable sins)에 반대하는 경고(8-9).

(4) 적극적인 기독교 건덕들(健德, the positive Christian virtues)에 대한 훈계(10-17).

(5) 여러 가지 계층들의 그리스도인들에 대한 훈계(18-25).

4. 그리스도 안에서의 새로운 교제(4장)

(1) 상전들에 대한 교훈(1).

(2) 모든 사람들에 대한 일반적인 권고(2-6).

(3) 바울의 동역자들(7-18).

데살로니가전서

서 론

1. 저자

사도 바울(1:1; 2:18). 바울은 실라(Silas,〈Silvanus〉)와 디모데(Timothy,〈Timotheus〉)를 제1절에서 자기 자신과 관련짓지만, 이것은 저작자가 연합이라는 뜻이 아니다(2:18; 3:5; 5:27). 바울이 그들의 이름을 자기의 이름과 연결시키는 것은, 그들이 데살로니가 교회를 설립하는데 있어서, 그 사업의 이점(利點)과 관심에 있어서, 공동 사역을 했기 때문이다. 그가 "우리"라고 말할 때에(1:2), 그는 의심의 여지없이, 세 사람 모두를 말하고 있는 것이다.

2. 수신자들

데살로니가의 교회(1:1). 바울은 매를 맞고 빌립보 감옥에 갇혔다. 그러나 주님의 진정한 사업은 거기서 이루어졌다(행 16장). 따라서 실라와 디모데는 빌립보를 떠나, 마게도냐 동남쪽 약 100마일쯤에 있는 데살로니가로 떠났는데(행 17:1), 그 당시에 크고 영향력 있는 한 도시였다(아직도 그리스에서는 중요한 마을이며, 오늘날의 이름은 살로니까〈Salonika〉이다). 그 도시는 비옥한 평야들의 지대에 있었으며, 또한 훌륭한 항구가 있었기 때문에, 도시가 속히 번창했다. 데살로니가는 빌립보와 상당히 달랐다. 후자는 주로 그리스 적이었지만, 데살로니가는 빌립보와 문화적으로 상당히 달랐기 때문이다. 바울이 그곳을 방문했을 때 그 도시에는, 그곳 출신 그리스 사람들, 로마 식민주의자들, 아시아 사람들과 다수의 유대 사람들이 살고 있었다. 바울은 다만 약 3주 동안 그 도시에 머물러 있었지만(행 17:2), 많은 유대 사람들과 그리스 사람들이(행 17:3-5) 회심했다. 믿지 않는 유대 사람들이 바울에게 폭동을 일으켰으므로, 그는 잠시 동안 떠나는 것을 상책으로 여겨, 데살로니가

서남쪽 50마일에 있는 베레아(Berea)로 떠났다(행 17:5-7).

3. 기록 연대

아마도 주후 52년경, 바울은 데살로니가를 방문하기를 열렬히 소원했다(살전 2:18: 3:10). 이것이 가능하지 않았기 때문에 디모데를 아덴에서 보냈고(살전 3:1-2), 그는 바울에게 좋은 소식을 가져왔다(살전 3:6). 그가 고린도에 있을 때에 이 소식이 왔는데(행 18:1,5), 그곳에서 바울은 1년 반쯤 머물러 있었다. 이 보고가, 그가 이 편지를 쓰게 된 계기가 됐다. 시간상으로 볼 때, 이것이 그의 첫 편지를 쓴 때로 여겨진다.

4. 본서의 기록 목적

이 교회의 상태는 일반적으로는 매우 좋았다; 그러나 교정을 해야 할 필요가 있는 어떤 일들이 있었다;

(1) 어떤 사람들은 사도의 영향력을 격하시키고 있었는데, 그가 거짓된 가르침, 부도덕한 가르침을 일삼는 위선자였다는 것이다(2:3; 롬 3:8 참조).

(2) 이 중상자들은, 바울이 돌아오기를 두려워한다고 명백히 시사했다. 그는 그것은 사실이 아니라고, 보증하는 편지를 썼다(2:17-18).

(3) 바울은, 또한 탐욕적이며, 돈을 바라며, 아첨을 일삼는다는 비난을 받았다(2:5-6).

(4) 고린도에서와 마찬가지로, 파벌들의 위험이 있었다(5:13,20,26,27).

(5) 그리스도의 재림과 관계되는 문제들에 대해 혼돈이 있었다(4:11-18; 5:1-6).

(6) 박해를 받고 있는 데살로니가 인들을 격려하기 위해서(2:14).

(7) 그들이, 이교도적인 부도덕으로 다시 뒷걸음질 하지 않도록 격려하기 위해서(4:3-8).

5. 주제

그리스도의 재림(매 장마다에서 언급됨)(1:10; 2:12,19; 3:13; 4:13-18;

5:1-11,23).

6. 본서의 요절(1:9,10)

열쇠가 되는 단어들: "(주님의)오심" - 4회; "위로" - 6회.

데살로니가전서 개론

각 구분의 끝마다에 축도를 곁들린, 두 주요 부분으로 됨.

1. 개인적 - 바울의 과거와 현재의 데살로니가 교회와의 문제들(1장 ~ 3장)

(1) 인사(1:1).

(2) 감사(1:2-10); 바울이 그 친구들의 선행들을 칭찬할 때에, 그는 하나님께 대한 감사의 형태로 했다.

(3) 사도들의 사역(2:1-20); 이상적인 사역이란? "현 시대에 적절한, 목사들과 선교사들과 기독교 일꾼들을 위한 경탄할만한 영적 메시지" (어드맨, Erdman). "공복들(公僕, public servants)에게" 적용될 뿐 아니라, "그리스도를 따르는 한 사람 한 사람에게도 그렇다."

① 전도자들로서(1-6).

② 목사들로서(7-9).

③ 교사들로서(10-12).

④ 사도의 사역의 결과(13-16).

⑤ 사역에 대한 사탄의 반대(17-18).

⑥ 사역의 보상(19-20).

(4) 데살로니가 사람들의 발전에 관한 디모데의 보고(3:1-13)

① 디모데가 데살로니가에 파송 받다(1- 5).

② 디모데가 데살로니가 사람들의 좋은 소식들을 가져오다(6-13).

2. 실질적 - 그리스도의 임박한 재림의 견지에서 그리스도인들이 살아야

할 삶에 관한 훈계(4장 ~ 5장)

(1) 성화에 관한 훈계(4:1-8).

(2) 형제 사랑에 관한 훈계(4:9-10).

(3) 교회 밖의 사람들에 대한 행동에 관한 훈계(4:11-12).

(4) 성도들의 휴거(携擧, the rapture of the saints)에 관한 훈계(4:13-18).

(5) 그리스도의 나타나심(the revelation of Christ)(다스리시기 위한 그분의 귀환)(15:1-11).

(6) 여러 가지 훈계들(5:12-28).

데살로니가후서

서 론

1. 저자

사도 바울(1:1; 3:17).

2. 수신자들

데살로니가 인들의 교회(1:1). 데살로니가에 관한 정보를 얻으려면, 데살로니가전서의 서론을 보라.

3. 기록 연대

주후 52년경. 바울이 아직도 실라와 디모데를 자기 자신과 연결시키고 있는 것을 보면, 틀림없이 데살로니가전서를 기록한 직후였던 것 같다. 바울의 고린도 체류 후에, 그들은 그와 오래 있지 않았다(행 18:5,18; 19:22); 우리가 아는 한, 실라는 바울과 다시는 있지 않았다. 그렇지만 바울은 고린도에 1년 반쯤 머물러 있었다(행 18:11). 따라서 이 편지는 그 동안에 기록된 것 같다.

4. 본서의 기록 목적

스코필드(Scofield)는 시사하기를, 아마도 데살로니가전서를 전했던 심부름꾼이 돌아와서 보고를 했을 때, 바울은 데살로니가후서를 기록했다고 본다.

(1) 그들에게는, "주 그리스도의 강림하심"(2:1)과, "주의 날"(2:2; 살전 1:3과 더불어 1:3 참조)에 관한 추가적인 가르침이 필요했다. 그들이 소망으로 부풀었는가? 데살로니가후서 2장 2절에 따르면, 분명히 그렇지 않은 것 같다. 데살로니가전서에서는, 그들이 "그리스도 안에서 죽은 자들"(dead in Christ)이, 주님이 강림하실 때에 누릴 복에서 누락될지 모른다는 염려를 했다. 데살로니가후서에서는, 그들이 살아 있기는 하지만 고난 받는 성도들이 될까봐 염려하는 자

들, 곧 그들이 대 환란 날들의 시작 때(the opening day' s of the Great Tribulation)에 이미 있었다고 생각했던 것이다. 이 혼돈은 단순히 오해로 말미암은 것이 아니라, 사탄이 그들의 거짓 교사들과 수상한 편지들(2:2)을 통해 속이려고 하는, 직접적인 시도가 있었다는 것을 주목하라.

(2) 그들은 또한 잔혹한 박해의 중간에서, 격려가 필요했다(1:4-7).

(3) 그들에게 격려가 필요했던 것은, 어떤 사람들은 생각하기를, 아마도 그리스도의 오심이 매우 가까웠으니 만큼, 그들이 일하는 것을 멈출 수 있다는 것이며(3:10-11); 다른 사람들은 무질서 하게 살았고(3:6); 모든 사람이 "선을 행하다가 피곤해지는" 위험에 빠지게 됐다(3:13).

5. 주제

주의 날(The day of the Lord)(2:2).

6. 본서의 요절(1:7하-10)

데살로니가후서의 개론

1. 박해가운데서의 격려(1장)

(1) 서론(1,2).

(2) 감사(3-10).

(3) 기도(11-12); 이 짤막한 편지에서 나타난, 네 가지 기도들의 첫 번째 것.

2. "주의 날" (The Day of the Lord)에 관한 훈계(2장)

(1) "여호와의 날" 이 올 것이라는 견지에서 현재 우리가 가져야 할 마음의 태도에 관한 권고(1-3 이하).

(2) 사건들의 순서에 관한 분명한 진술과, 다른 중요한 세목들(細目)(3하-12).

(3) 형제들을 위한 감사와 기도(13-17).

3. "그리스도를 기다리는" 동안에 가지는 정당한 행동에 관한 권고들(3장)

(1) 기도를 위한 요청(1,2).

(2) 주님의 일을 하는데 있어서, 주께서 이 사람들과 일을 하시는데 대한 신뢰(3-5).

(3) 무질서한 자들에 관한 명령(6-15).

(4) 끝마감의 기도와 마지막 인사(16-18).

디모데전서

서 론

1. 저자

사도 바울(1:1).

2. 수신자들

"믿음 안에서 참 아들된" 디모데(1:2; 1:18; 6:20도 보라. 디모데의 역사를 알려면, 행 16:1-3; 18:15; 19:22; 20:4를 보라).

3. 기록 연대

주후 약 64-65년경. 바울이 그의 첫 수감생활로부터 석방됐던 것으로 보이며, 주후 63-67년까지 자유의 몸으로 있다가, 다시 수감되어 드디어 사형된 것 같다. 분명히 디모데전서는 이 자유의 시간 동안에 기록된 것 같다.

4. 본서의 기록 목적

약 1세기 이상 동안, 디모데전 후서와 디도서는 "목회서신들"이라고 불려왔는데, 교회들을 담임해 온 젊은 목사들에게 기록됐기 때문이다(교회들, 또는 그리스도인들의 잡단들, 또는 빌레몬〈Philemon〉같은 개인들에게 쓴 편지들과 구별된다). 비록 많은 개인적인 요소들이 있지만, 주 목적은 공적인 지도자의 자격을 가진 목사들에 대한 지도를 하기 위한 것이다.

디모데전서는 아래 목적을 위해 기록 됐는데:

(1) 거짓 교사들에게 반대하도록 경고하기 위해서(1:37; 19:20).

(2) 건전한 교리와 교회 정치(church government)에 관해 훈계하기 위해, 후자에 관해서는 자세히 기록하지 않고, 앞으로의 세대 동안 교회를 교도할 큰 원리들을 명백히 진술했다.

5. 주제

교회의 정당한 질서.

6. **본서의 요절(3:15)**

열쇠가 되는 단어들: "교리"(Doctrine - 좋은 교리, 건전한 교리) - 8회; "가르침, 가르치는 자" - 7회; "경건"(Godliness)- 8회; "선"(Good) - 22회.

디모데전서의 개론

1. **교회 안에서의 건전한 교리(1장)**
   (1) 서론(1,2).
   (2) 거짓 교리는 꾸지람 받을 것(3-11).
   (3) 참된 복음과, 그것을 전하도록 하나님께서 능력주심에 대한 바울의 감사(12-17).
   (4) 디모데에 대한 명령(18-20).
2. **교회에서의 공적 예배(2장)**
   (1) 모든 사람들을 위해 기도할 것(1-7).
   (2) 공식 예배에서의, 남자들과 여자들의 좌석(8-15).
3. **교회에서의 제직들(officers)(3장)**
   (1) 장로들의 자격들(1-7).
   (2) 집사들의 자격들(8-13).
   (3) 이 규칙들을 기록하는 이유(14-16).
4. **교회에서의 좋은 목사(4장)**
   (1) 말세에 있을 배도(背道)에 대한 경고(1-5).
   (2) 예수 그리스도를 전하는 선한 목자의 임무(6-16).
5. **교회의 좋은 목사(5장)**
   (1) 여러 계층들에 대한, 선한 목자의 태도(1-3).
   (2) 나이 많은 과부들을 돌보는 일(4절 - 16절), 사도행전 6장 1절 참조.

(3) 장로들을 대우하는데 관한 훈계(17-21).

(4) 여러 가지 개인적 훈계들(22-25).

6. 결론적인 훈계들(6장)

(1) 종들과 상전들에 관한 훈계(1,2).

(2) 거짓된 교사들과 그들의 동기들 - 교만함과 탐욕(3-10).

(3) 참 하나님의 사람의 가는 길(11-16).

(4) 부자들을 위한 지시(17-19).

(5) 디모데에 대한 결론적 지시(20.21).

디모데후서

서 론

1. 저자

사도 바울(1:1).

2. 수신자들

디모데(1:2).

3. 기록 연대

주후 약 67년경. 바울은 지금 로마에 재수감되어 있으면서, 시간이 촉박하기 때문에, 디모데에게 속히 오라고 편지를 쓴다(1:8,16; 4:6,9-16,21).

4. 본서의 기록 목적

(1) 바울은, 그의 사랑하는 동역자 디모데를 자기 곁으로 부르기 위해 이 편지를 쓴다.

(2) 바울은 디모데에게, 타락하고 무신론적인 시대에, 예수 그리스도의 참 종이 나아갈 정당한 방향을 보여주기 위해, 이 편지를 쓴다.

5. 주제

예수 그리스도를 전하는 참 목자, 곧 "주의 종"(the servant of the Lord)(2:24).

6. 본서의 요절(4:1-5)

열쇠가 되는 단어: 선한- 5회.

디모데후서의 개론

1. 참 목사는, 주님을 증거 함에 있어서, 부끄러울 것이 없어야 한다(1:1-14)

(1) 서론(1,2).

(2) 감사(3-5).

(3) 참된 목사는, "하나님의 은사를 불일듯하게 하도록" (stir up the gift of God) 격려 받는다(6-10).

(4) 바울의 본보기(11-12).

(5) 참된 목사는, 하나님의 진리를 단단히 보수하도록 권고 받는다(13-14).

2. 참된 목사는, 쇠퇴의 시기에 "그리스도의 선한 병사"로 남아 있다(1:15 ~ 2:26)

(1) 쇠퇴기(1:15 이하).

(2) 그런 쇠퇴기의 중간에 처한 참된 목사의 옳은 방향(2:1-26); 군인, 운동선수, 농부, 일꾼, 영예로운 목적을 위한 그릇, 주님의 종.

3. 참된 목사에게 마지막 날 배도(背道)에 대한 경고(3:1 ~ 4:5)

(1) 마지막 날에 있을 고난의 시간들에 대한 경고(3:1-9).

(2) 바울의 표본을 따라야 할 참된 목사(3:10-13).

(3) 시대의 방향에 관계없이, 하나님의 말씀을 연구하고 전하는 참된 목사(3:14-4:5).

4. 결론: 바울의 작별인사(4:6-22)

(1) 바울의 임박한 출발(6-8).

(2) 디모데에 대한 바울의 훈계(9-15).

(3) 바울에 대한 주님의 충실하심(16-18).

(4) 맺는 인사와 축도(19-22).

디도서

서 론

1. 저자

사도 바울(1:1).

2. 수신자들

"같은 믿음을 따라 된 나의 참 아들"이라고 바울이 부르는 디도 (Titus) (1:4). 디도는 디모데와 마찬가지로, 그리스도를 위한 바울의 사역에, 매우 도움이 됐던 젊은 목사였다. 그는 사도행전에서는 언급되지 않았지만, 바울의 서신들에서 자주 언급됐다. 그는 그리스 태생의 이방인이었지만(갈 2:3), 바울에 의해서 그리스도께 인도된 것이 분명하다. 그는 바울과 바나바(Barnabus)를 따라서, 예루살렘 공회에 참석했다(행 15; 갈 2:1). 그는 여러 차례 중요한 심부름들에 바울의 파송을 받았었으며, 바울에 의해서 최고의 어조로 언급됐다(고후 7:5-7, 13-14; 8:6, 16-23; 딤후 4:10).

3. 기록 연대

디모데전서와 거의 같은 때인, 주후 64-65년경.

4. 본서의 기록 목적

디도는 그레데(Crete)에 남겨져 있었는데(지중해〈Mediterranean〉, 그리스에 가까이 있는 섬), 그곳에 교회를 세우고 질서를 세우기 위해서였다(1:5). 바울이 그레데에서 언제 이 일을 했는지 알려져 있지 않지만, 그곳을 방문했다는 유일의 언급이 사도행전 27:7에 있고, 그것도 그가 자주 그곳을 방문했던 것 같지는 않다. 그러나 그의 사역은 틀림없이 갑자기 중단된 것 같고, 디도가 거기 남겨져 뒤처리를 하도록 한 것 같다.

(1) 그레데 교회들의 장로들이 될 만한 자격이 있는 자들에게 특별 훈

련을 시키라는 지시를 했다.

(2) 바울은 디도에게, 하나님의 은혜로 구원 받은 모든 자들이 마땅히 보여 주어야 할 삶을 보이도록 기록했다.

5. 주제

믿는 자의 경건한 삶.

6. 본서의 요절(2:11-14)

열쇠가 되는 단어들: "건전한"(sound - 교리, 믿음 언어)- 5회; "선행" - 6회; "선한" -11회.

디도서의 개론

1. 인사(1:1-4)

2. 장로들의 자격들(1:5-9)

3. 거짓된 교사들에 대한 경고(1:10-16)

4. 교회 안에 있는 여러 가지 계층에 대한 훈계들(2:1 ~ 3:11)

(1) 늙은이들을 위한 훈계들(2:1,2).

(2) 늙은 여자들을 위한 훈계들(2:3).

(3) 젊은 여자들을 위한 훈계들(2:4,5).

(4) 젊은 남자들을 위한 훈계들(2:6-8).

(5) 종들을 위한 훈계들(2:9,10).

(6) 위의 훈계들의 기초(2:11-15).

(7) 모든 자들을 위한 일반적 훈계들(3:1-11).

5. 개인적인 결론들(3:12-15)

빌레몬서

서 론

1. 저자

사도 바울(1:1,19).

2. 수신자들

골로새(Colosse)의 그리스도인 빌레몬(1:2,10을 보라, 골 4:9,17).

3. 기록 연대

바울이 로마에서, 그가 첫 번째로 수감되던 때인 주후 62년에, 에베소와 골로새에 서신을 보낸 같은 해에 기록한 것.

4. 본서의 기록 목적

골로새(Colosse)의 부유한 그리스도인 빌레몬에게 종이 한 사람 있었는데, 그가 도둑질을 해 가지고 도망간 것이 들어났다(10절,11절,16절,18절). 오네시모(Onesimus)가 로마로 도망을 가서, 거기서 바울에 의해 주님께 인도됐다. 바울은 그를 빌레몬에게로 되돌려 보내면서(12절,15절,16절). 그를 중재하는 편지를 썼다. 오네시모는, 에베소 사람들과 골로새 사람들에게 전할 편지들을 가진 두기고(Tychicus)와 더불어 돌아왔다. 편지는, 또한 참 그리스도인의 슬기와 예의, 이상적인 보기를 제시해 준다.

5. 주제

도망갔던 노예를, 바울이 중재한다.

6. 본서의 요절(17-19)

빌레몬서의 개론

1. 서론(1-7)

2. 호소(8-21)

3. 결론(22-25)

히브리서

1. 저 자

미상(未詳).

(1) 아주 이른 시대부터, 교회의 일반적인 의견은, 바울이 필자였다는 것이었지만, 어떤 사람들은 제2세기부터 바울의 저작에 대한 논의들을 해 왔다.

① 베드로의 진술(벧후 3:15,16; 벧전 1:1; 벧후 3:1 참조).

② 교리적인 가르침이, 바울이 다른 편지들에서 가르친 것과 일치한다(참조: 히 5:12-14 및 고전 3:2; 히 3:12-19를, 고전 10:1-11; 히 10:38을, 롬 1:17 및 갈 3:11; 히 9:15를 롬 3:25과 대조해 보라).

③ 갇혀 있던 필자는(10:34), 이태리(Italy)에서 이 편지를 썼으며(13:24), 디모데와 밀접히 연관돼 있었다(13:23; 살전 3:2 참조).

④ 문체상으로 매우 바울적인 편지이다(13:25를 롬 16:24과; 고전 16:23,24; 고후 13:14; 갈 6:18; 엡 6:24; 빌 4:23; 골 4:18 살전 5:28; 살후 3:18; 딤전 6:21; 딤후 4:22; 딛 3:15; 몬 :25를 참조하라). 다른 어떤 필자도, 베드로후서 3장 18절에서 베드로가 차라리 "성장하는 은혜"(grow in grace)를 주시는 그리스도인의 체험을 말하듯이 말하지 못하고 있다.

⑤ 하박국 2장 4절에 대한 세 가지 해석의 마지막 부분이다. 로마 사람들과 갈라디아 사람들에게 편지를 쓰게 하신 하나님께서는, 같은 필자를, 첫 두 편지를 쓰게 하셨듯이, 마지막 편지를 쓰게 하고 싶을 것이다.

(2) 사용되지 않은 이름들 중심으로 한 반대들이 있었는데; 문체, 언어, 반대자들(그리고 이들 가운데는, 많은 경건한 학자들이 포함돼 있

었다), 누가(Luke), 아볼로(Apollos), 바나바(Barnabas), 빌립(Philip), 브리실라(Priscilla)였다. 이것은 순수한 상상일 뿐이다(딤후 3:16 참조).

2. 수신자들

(1) 본래는 일단의 유대 그리스도인들(a group of Jewish Christians)(야고보서〈James〉나 베드로전 후서 같은). 일반적인 히브리 그리스도인들이 아니라, 분명한 거주지를 가진 특수한 집단을 가리킴인듯(13:7, 17-19, 22-24).

(2) 편지 기자가 개인적으로 아는 자(5:11-12; 6:9-10; 10:32-34; 12:4).

(3) 정확한 지역은 알려지지 않고 있지만, 구약성경에서는 잘 알려져 있었으며, 또한 성전 예배에 대해 잘 알고 있었으므로, 아마도 팔레스틴(Palestine)일 것인 듯.

(4) 영적인 상태: 그리스도께 대한 신앙고백을 드린 곳(3:1; 4:14; 10:23). 참으로 구원 받았다고 하는 어떤 증거들을 나타내고 있다(6:10; 10:32-34). 그렇지만 옛 언약을 되돌아보는 경향이 있었다(1:1; 3:5-6; 7:11; 8:7 등). 또한 영적 후진성과 나태 때문에, 기자는 참으로 어떤 사람들이 거듭났는지 의심했다(3:12; 5:11-14; 12:25 등).

3. 기록 연대

주후 70년에 있었던 성전파괴 이전이었던 것을 보면, 여러 성경 본문들이 시사하듯이, 명백히 성전 예배가 아직도 진행되고 있었던 것 같다(8:4; 9:6; 10:11; 13:10). 아마도 주후 63-68년경 이었던 것 같다.

4. 본서의 기록 목적

(1) 주 예수 그리스도를, 하나님의 최종적이시고 완벽하신 계시로서 제시하기 위해, 그리스도께서 하나님의 아드님으로 묘사되셨는데, 그분께서는 우리의 대제사장이 되시기 위해서, 하나님과 사람 사이의 유일의 중보자(the one Mediator)가 되셨다. 그리스도의 제사장 사

역과, 전에 나왔던 하나님께 대한 모든 뛰어난 계시와, 옛 언약에 대한 새 언약을 다루는 유일의 책이다.

(2) 그리스도의 탁월하심과, 독자들에 대한 격려와 경고의 기초로서의 그분의 피에 대한 사실을 이용하기 위해서이다. 미숙한 그리스도인들은, 그리스도와 동행하며 은혜 안에서 자라도록 격려를 받고 있다. 괄호 안에 넣고 생각할 다섯 가지 경고. 복음의 조명을 받기는 했지만, 아직 주님과 전혀 진정한 신앙 절차가 이뤄지지 않고 있는(no real transaction with the Lord) 자들은, 그 단계에서 옛 생활로 되돌아서서, "그렇게 큰 구원"(so great salvation)을 받는데 실패할까보아, 경고를 받고 있다.

5. 주제

우리의 크신 대제사장.

6. 본서의 요절(4:14)

열쇠가 되는 단어들: "완전"(Perfection)- 동사와 형용사로 쓰인 것을 합하면 - 11회;

절대적 완벽은 아니지만, 그리스도인의 체험상의 성숙을, 미숙한 육적인 걸음걸이와 대조한 것이다. "영원한"(Eternal, and forever)- 13회; 기독교의 완벽성을, 옛 언약의 잠정적인 완전성과 비교. "하늘"(하늘들, 하늘의)- 16회; 기독교 신앙의 종국성(終局性)은, 본질상 지상적(유대교의 그것들이 대체로 그러하듯이)이 아니라 영적이다. "더 나은"(Better)- 12회; 그리스도께서는 천사들이나, 사람들 가운데 가장 위대한 자들보다 나으시다. 그분을 통해 더 나은 언약, 더 나은 희생의 제물, 더 나은 부활 등을 누린다.

"참여자들"(Partakers)- 7회; 교제(Fellowship) 및 함께 참여(Joint Participation). 우리는 서로서로, 그리고 그리스도와 교제를 가지되, 유대교 아래에서는 경험할 수 없었던 그런 것이다. 그리스도인의 삶은 이론적인 것(theoretical)이 아니라 실질적인 삶의 체험(an actual living experienced)이다. "가지는"(Having); "그리하자"(Let us); "떠나자"(Let us leave); 이런 구절들이 여러 차례 사용됐다. 주와 더불어 동행함의 중요성을 지적하고 있는데, 이것은 믿는 자와 믿지 않는 자에게 다 같이 해당하는 말이다. "하지 않게 하려고"(Lest)- 10회; 우리가 듣는 자들만 되고, 행하는 자들이 되지 않는 일이 없도록(Lest) 하라는 경고. "믿음"(Faith) - 31회(제11장에서만 24회).

히브리서의 개론

(아래 개론은, 그리피스 토마스〈Griffith-Thomas〉가 만든 것인데, 그는 웨스콧〈Westcott〉, 밀리간〈Milligan〉 및 머레이〈Murray〉에게 저작의 착상〈着想〉을 넣어주기도 했다).

1. 서론(1:1)

2. 하나님의 아드님으로서의 인성(人性, the Person of Christ as the Son of God)(1:5 ~ 4:13)

(1) 천사들에 대한 그분의 초월성(超越性, superiority)(1:5-2:18).

(제1장은 그리스도를, 하나님의 아드님으로서 천사들보다 우월하심을 묘사하고, 제2장은 그리스도를 인자(人子, Son of Man〉로서도 천사들보다 우월하심을 묘사함; 이상적이시고 완전하신 사람으로서, 그분께서 통치하시고 다스리실 것이다). 나태함에 대한 실질적인 첫 권고(2:1-4).

(2) 모세에 대한 그분의 탁월하심(3:1-4:13).

모세는, 그를 통해 율법이 주어진 위인 이었다; 그 아래서 이스라엘에게 율법이 주어졌으며, 그 아래서 이스라엘이 한 나라가 된 위대한 지도자였다. 필자는 모세를 과소평가하지 않지만, 그리스도께서 얼마나 훨씬 탁월하신가 하는 것을 나타내 보인다. 불신앙에 대한 두 번째 실질적인 권고(3:7-4:13). 필자가 경고하는 첫째 것은, "너희 마음들을 모질게 가지지 말라"이고, 그리고나서, "오늘 우리가 만일 그의 음성을 듣는다면"은, 그의 말씀을 듣는 자들로부터 오는 자들이다.

3. 하나님의 아드님으로서 그리스도의 제사장직의 탁월한 영광(4:14 ~ 10:18)

(1) 제사장이 공급하는 것들(4:14-16).
(2) 제사장의 자격들(5:1-6:20); 불신앙에 대해 반대하는 세 번째 실질적인 권고.
(3) 제사장의 인품(人品, Person)(7:1-28).
(4) 제사장의 업무(8:1-10:18).

4. 개인적인 적용 및 실질적인 적용(10:19 ~ 13:25)

(1) 새로운 삶(10:19-39); 믿음(10:19-22), 소망(10:23), 사랑(10:24-25), 의도적인 죄에 대한 네 번째 실질적 권고(10:26-39), "이 구절에 나와 있는 의도적 죄는, 그분의 속죄의 희생에 대한 분명한 배척이다"(아이언 사이드〈Ironside〉).
(2) 믿음에 대한 첫 격려(11:1-40).
(3) 소망의 발전에 대한 두 번째 격려(12:1-24); 믿음을 위한 실질적인 권고는, 완고한 거절과 불순종이다(12:25-29).
(4) 사랑의 발전을 위한 세 번째 권고(13:1-7).
(5) 개인적인 결론(13:18-25).

야고보서

서 론

여러 세기 동안, 야고보서, 베드로서, 요한서 및 유다서가 "일반 서신들"(the general epistles)이라 불려 왔다. 왜 그랬는지 분명치 않지만, 아마도 저작자, 내용들, 또 수신자들 때문이었던 것 같다. (본서 기자 야고보서 - 행동하는 그리스도인의 신앙〈Christian Faith in Action〉, 곧 무디 성경 문고, 제251호를 보라).

1. 저자

바울이, "주의 형제"(the Lord' s brother)(갈 1:19)라고 부른, 요셉과 마리아의 아들, 육신을 따르면 우리 주 예수 그리스도의 동복 이(異)형제, 그에 관한 몇 가지 언급들을 주시하라;

마태복음 13장 55절에서 그리스도의 네 형제 가운데서 맨 처음에 언급된 것을 보면, 분명히 장남이었던 것 같다. 요한복음 7장 5절에 보면, 그리스도께서 돌아가시기 전에는, 분명히 믿지 않았던 것 같다. 고린도전서 15장 7절과 사도행전 1장 14절에 보면, 그리스도께서 돌아가셨다가 부활하신 후에, 야고보와 다른 형제들이 견고한 신자들이 되어, 주님의 승천과 오순절(五旬節) 사이의 기도회에 참여했다. 사도행전 12장 17절; 15장 13절; 21장 18절에 보면, 그는 예루살렘 교회에서 인정받는 지도자가 됐다. 이런 관계에서, 바울은 그에 대해 말하기를, "교회의 기둥"(a pillar of the church)이며, 교회 활동들의 지도자라고 했다(갈 2:9,12). 그는 경건하고 헌신적인 사람이었으며, 그가 전파한 교리대로 산(生) 강직한 그리스도인이었다.

2. 수신자들

"흩어져 있는 열두지파"(1:1). "분산된 상태에 있는 12종족들"(개혁번역〈R.V〉). 본래는 유대 그리스도인들에게, 히브리인들로서, 그리고 베드로후서에서와 마찬가지로 기록한 것이었다. 그렇지만 신약성경의 다른 서신들과 마찬가지로, 모든 시대의 그리스도인들에게도 기록한 것이다(딤후 3:16-17).

3. 기록 연대

일반적으로 신약성경의 모든 서신들 가운데서 가장 먼저 기록된 것으로 여겨지고 있다. 야고보가 죽기 전에, 예루살렘에서 쓴 것으로 여겨지고 있다(그의 죽음은 주후 62-63년에 일어났다) - 아마도 주후 45년경.

4. 본서의 기록 목적

참 신앙은, 외부적인 경건과 선한 일들로 나타나야 한다는 것을 보여주기 위한 것. 그것은 어떤 사람들이 생각했듯이, 바울의 로마 서신에 대해 논쟁적(Polemic)인 것이 아니다. 야고보의 서신은, 로마서보다 먼저 기록됐기 때문에, 그것에 대한 대답이 될 수 없다. 조심스러운 연구를 해 보면, 야고보와 바울 사이에 전혀 충돌이 없다는 것을 보여준다. 바울은 원래 하나님 앞에서의 이신칭의(以信稱義)의 교리(the doctrine of justification before God)를 다룬 것인데, 그것은 행위들을 통해서는 절대로 오지 않는 것이고, 전적으로 그리스도와 그분의 속죄의 죽음(faith in Christ and His atoning death)을 통해 오는 것이다. 야고보는 원칙적으로 사람들 앞에 의롭다 함을 받는 문제를 다루고 있다. 그는 마음으로 부터의 참 믿음(a true heart-faith)을 비난하는 것이 아니라, 그런 믿음은 마땅히 선한 일들로 가득찬 삶을 가져와야 한다는 사실을 강조한다.

5. 주제

참된 신앙은 행동 등을 낳는다. "야고보의 주제는, 행동들을 낳는 믿음이 주요 관심사였다. 야고보는 믿음에 반대하는 논리를 펴지 않았다. 그는 믿음을 위한 논점을 전개했다(argued for faith). 이 사실을 인식한 우리는, 편지의 요긴한 영적인 교훈을 고려하게 됐으며, 그 중심적인 가르침은 적극적이고도 소극적인 강조를 하고 있는 것을 발견한다. 적극적인 가르침은 이렇게 요약해도 좋을 것이다; 하나님께 대한 신앙은 하나님의 뜻을 따르는 삶이며, 부정적인 가르침은, 하나님께 대한 신앙을 거부하는바, 하나님의 뜻에 어긋나는 삶이다(캠벨 몰간).

6. 본서의 요절(2:20)

열쇠가 되는 단어들: "믿음" - 16회; "행함" - 15회.

야고보서의 개론

1. 믿음이 시험을 받다(1장 - 2장)

(1) 외부로부터 오는 시험들의 시련을 통해(1:1-8).

(2) 세상적인 지위에 대한 태도를 통해(9-11).

(3) 육적인 시험들에 대한 태도를 통해(1:12-18).

(4) 하나님의 말씀에 대한 순종을 통해(1:19-27).

① 말씀을 받아드리는지(19-21).

② 말씀대로 "사는지" (22-27).

(5) 동료된 같은 인간에 대한 태도로(2:1-13).

(6) 선행의 유 · 무 여하에 따라서(2:14-26).

2. 혀를 통제하는 어려움(3장)

3. 세속적인 것에 대한 경고(4장)

4. 주님의 재림의 견지에서 주는 경고(5장)

베드로전서

서 론

1. 저자

사도 베드로(1:1,8; 5:1)이며, 열두제자들 가운데서 가장 잘 알려진 사람. 그는 본래 갈릴리의 어부였는데, 세례(침례) 요한의 설교에 흥미를 가졌었으며, 후에 그의 형제 안드레(Andrew)로 말미암아 그리스도께 이끌려 왔는데, 안드레는 그 전에 요한에 관한 간증을 들었던 것이다. 그의 본명은 시몬(Simon) 또는 시므온(Simeon) 이었지만, 주님에 의해 베드로(Peter)라고 명명됐다. 그는 기혼자 였다.

우리의 마음 속에, 그의 생애에 대한 많은 사건들이 떠오른다; 물 위로 걸은 것; 위대한 고백 뒤에, 사탄적인 진술이 따른 것; 그리스도를 결코 버리지 않을 것이라고 자부한 다음에 주님께 대한 그의 부인이 뒤따른 것; 그의 회개와 부활하신 그리스도와의 만남; 그의 위대한 오순절 설교와, 미문(美門)에서의 앉은뱅이 치료; 천사가 그를 수감 상태와 처형으로부터 건져내다; 이방인들에게 첫 전도를 하다; 믿음을 통한 구원을 위한 견고한 간증 및 예루살렘에서의 기독교적인 자유를 위한 간증(행 15장); 안디옥에서, 행동을 통한 기독교적인 자유의 거부(갈 2장).

2. 수신자들

"본도(Pontus), 갈라디아(Galatia), 갑바도기아(Cappadocia), 아시아(Asia) 및 비두니아(Bithynia)에 흩어져 있는 나그네"(1:1-2). 나그네들이란, "흩어져 있는"(diaspora) 유대 사람들인데 그들은 팔레스틴(Palestine) 밖에서 살고 있었지만, 팔레스틴을 그들의 출생지로 여기고 있었다. 그러나 도처에 있는 그리스도인들에게도 보낸 편지이다(1:18-19,23; 2:10,24, 등등). 그는 그들을, 유대 사람들로서가 아니라 그리스도인들로서 말했다. 바울이 이교도들에 대한 사도이듯이, 베드로가 특히 유대 사람들의 사도였다는 것을 기억하라(갈 2:7-8).

3. 기록 연대

주후 약 63년경. 그 무렵에 바울은 그의 로마에서의 첫 수감생활에서 풀려났다. 이 편지는, 바울의 다른 서신들과 여러 가지 비슷한 점들을 가지고 있는데, 그것은 학자들의 생각에, 베드로가 바울의 기록들에 익숙했다는 것이다(벧후 3:15가 이것을 증명한다). 그러므로 그는 바울의 주된 서신들이 기록된 후에 기록했다.

4. 기록 장소

바벨론(Babylon)(5:13). 베드로 가는 유브라데(Euphrates) 강변에 있는, 바벨론이나, 혹은 로마(Rome)나, 혹은 다른 바벨론을 의미 했는가? 로마 카톨릭 교회는, 이것이 베드로가 첫 교황이었다는 증거라고 주장한다. 매우 얄팍한 증거이다. 그가 그곳에 교회를 지었다는 말은 로마서나 사도행전 28장에 언급되지 않았다. 전설은 말하기를, 네로(Nero) 아래서 박해가 심해지자 그가 로마를 떠나려고 했지만, 주님의 환상을 봤는데, 주님께 베드로가 물었다: "주여, 어디로 가시나이까" ?(Domine, quo vadis? - Lord, wither goest thou?). 주께서 대답하셨다. "나는 그곳에서 새롭게 못박히기 위해 로마로 간다" (I go to Rome to be crucified there anew). 그러자 베드로는 그 자신이 순교를 당하기 위해 떠나갔다. 명백하고 분명한 베드로의 편지에, 베드로가 신비한 상징주의(symbolism)를 사용할 이치가 만무하다.

5. 본서의 기록 목적

핍박당하고 고난당하는 그리스도인들에 대한 격려(1:6,7; 5:8,9). 베드

주(註): 이것은 그 자신에게나, 또는 배타적으로 그 집단들에게만 국한된 것이 아니라는 것이다).

로는 또한 더 심각한 시련들을 내다보고 있다(4:12,13). 5장 12절에 있는 그의 진술에 주목하라. 그는 그들에게 현재의 고난들 동안에 위로와, 아직도 앞에 가로놓여 있는 시련들을 위한 준비를 하도록 했다. 이것을 그는 앞으로 놓여 있는 놀라운 소망을 보여주며(1:13), 또한 그들에게 그리스도의 표본을 제시함으로써(2:21-23). 모든 자 - 남편들, 아내들, 종들, 연장자들, 백성들 - 가 그들의 개인적인 의무들을 다하도록 권고를 받았으며, 대적들에게 아무 불평의 여지를 남기지 않도록 했다(4:15,16).

6. 주제

고난 받는 그리스도인들에 대한 위로.

7. 본서의 요절(4:12,13)

열쇠가 되는 단어들: "고난 또는 고난 받으라"(suffer and sufferings) - 15회; 또한 "암시된 것" - 6회; "영광 또는 영광 돌리다" - 16회; 이 말은 우리에게 보통 우리 앞에 있는 놀라운 소망, 장차 우리가 받을 놀라운 약속을 바라보며, 참고 견디는 것으로, 하나님을 영화롭게 하고 있다. "은혜"(Grace) - 10회;(그리스어에서는, 2:19,20;가 포함됐다는 것을 주시할 것이며, 5:12도 보라). "귀중한"(Precious) - 5회; 우리 그리스도인들이, 비록 우리가 이 세상의 고난 가운데 산다할지라도 가지는 것은 무엇인가? "소망" - 4회.

베드로전서의 개론

1. 구원에 관계되는 고난(1:1-12)

(1) 인사(1,2).

(2) 비록 우리가 지금, "잠시 동안"(for a little while) 고난을 당할지라도, 우리는 우리의 놀라운 구원을 기뻐할 수 있다(3-12).

2. 삶의 성결과의 관계에서의 고난(1:13 ~ 3:22)

(1) 성화에로의 부르심(1:13-21).

(2) 사랑하라는 부르심(1:22-25).

(3) 성장하라는 부르심(2:1-10).

(4) 나그네들과 행인들 같은 행동(2:11-12).

(5) 시민들로서의 우리의 행동(2:13-17).

(6) 고용주들로서의 우리의 행동(2:18-20).

(7) 그리스도의 표본(2:21-25).

(8) 아내들, 또는 남편들로서 정당한 행동(3:1-7).

(9) 억울하게 고난 받는 모든 자들이 취할 행동(3:8-22).

3. 새로운 삶(the New Life)이 옛 삶(the Old Life)과 대조되다(4:1-11)

4. 그리스도의 고난들에 참여하다(4:12-19)

5. 주님의 임박한 재림의 견지에서의 권고(5:1-14)

베드로후서

서 론

1. 저자

사도 베드로(1:1,14를 요 21:18-19과 대조해 보라). 베드로후서 1장 16,17절은, 변화된 형상(transfiguration)에 대해 묘사한다(마 17:1-5; 3:1도 보라).

2. 수신자들

베드로전서와 같음(벧후 3:1; "이 둘째 편지"를 너희에게 보내노니).

3. 기록 연대

아마도 주후 66년경, 베드로의 죽음 직전에, 또한 여러 통의 바울의 서신들이 기록된 후에(3:15).

4. 본서의 기록 목적

믿는 자들을 강화해서, 공격에 저항하도록 하되, 그 공격이 베드로전서에서의 그것과 전혀 다르지 않다는 것에 주목하라. 그 서신은 외부로부터의 박해와 공격을 중심으로 했다; 베드로후서는 내부로부터의 공격을 다룬다. 내부에 있는 거짓된 형제들의 그것이다. 이것과 같은 두 가지 형태의 공격들이 언급됐는데; 이단들을 이끌어 드리고, 주를 부인하는 것이고(2:1,2); 주님의 재림을 비웃는 조소자들이다(3:3-4). 이러한 공격들에도 불구하고, 우리들에 대한 베드로의 말은, "은혜 안에서 자라가라"(Grow in grace)는 것이다(3:17-18). 이 말을 "너희는 은혜에 굳게 서라"(벧전 5:12)는 말과 대조해 보라.

그대가 만일 그리스도를 안다면, 그대는 "하나님의 은혜" 안에 있을 뿐 아니라, 그 은혜 안에 단단히 서 있고, 자라는 것이다(1:5-7). 특히 이것은 주님의 임박한 재림과 만물의 절정(the consummation of all things)이라는 견지에서 특히 그렇다(3:11-14).

5. 주제

거짓 교사들에 대한 경고.

6. 본서의 요절(2:1)

열쇠가 되는 단어들: "지식"(거짓된 가르침에 대한 해독제) - 6회; "심판"(거짓된 교사들에 대한)- 4회;

7. 디모데후서와의 비교

기자들이 둘 다 생의 종막에 있을 때에 기록됐다(딤후 4:6; 벧후 1:14). 두 사람이 주님께 대한 깊은 신뢰를 나타냈으며, 그분 안에서의 기자의 위치를 확증했다. 두 사람이 배도(背道, apostasy), 특히 "마지막 날"의 그것을 다루었다.

베드로후서의 개론

1. 충성된 목자는, 양들을 놓아 준다(1장)(요 21:15,16을 보라)

2. 충성된 목자는, 양들을 돌본다(2장 ~ 3장)

(1) 거짓 교사들에 대한 경고(2장).

(2) 말세에 비웃는 자들에 대한 경고(3:1-7).

(3) 주님의 날을 기다리는 견지에서, 거룩한 삶에 대한 권고(3:8-14).

요한일서

서 론

1. 저자

(1) 저자는 자기 자신을 부르지 않지만, 제1인칭으로 말한다("우리가 이것을 씀은"〈1:4〉, "내가 이것을 너희에게 씀은"〈2:1〉). 사도들의 시기가 끝난 후에 이미 오래 살고 있던 그리스도인들은, 편지를 쓸 때 이 편지를 사도 요한이 쓴 것으로 여기고 있었다. 초대교회의 거의 일치한 의견은, 복음서와 편지서들이, 요한이 그의 말년에 교회에 물려준 유산이라고 여겼다.

(2) 요한이 편지서들을 기록했다고 하는 증거가 차고 넘친다. 저자는 우리 주님을 눈으로 본 자였다(1:1-3). 요한일서에서 사용된 많은 단어들과 구절들이, 요한복음을 제외하고서는 신약성경의 어디에서도 사용되지 않았다. 보기들: "말씀"(the Word)(요 1:1; 요일 1:1; 계 19:13); "너희 기쁨이 충만하리라"(요 16:24과 요일 1:4); "진리를 행하라"(요 3:21과 요일 1:6); "너희 죄가 그저 있으면"(요 9:41과 요일 1:8); "보혜사"(保惠師, Paraclete)(그리스 원문에서는, 요 14:16 및 요일 2:1); "참 빛"(요 1:9과 요일 2:8); "새 계명"(요 13:34과 요일 2:8); "하나님에게서 난 소자들"(少者); 어느 때이고 하나님을 본 사람이 없느니라; 세상을 정복하였느니라 등.

2. 수신자들

(1) 어떤 특수한 지역 교회에다 보낸 것이 아니기 때문에, 야고보, 베드로 및 유다서가, 초대부터 "보편적"(catholic) 또는 "일반적"(general) 서신들이라고 불러왔다. 아마도 이 서신들은, 어느 특정한 지역교회나 개인에게 보낸 것이 아니라는 것을 뜻할는지 모른다.

(2) 아마도 요한이 사역한 소아시아(계시록 1장을 보라) 전역에 걸쳐서

쓴 것 같다. 분명히 기자는 첫 독자들에게 익숙했던 것 같다. 그러나 그것은, 단순히 "하나님의 아들의 이름을 믿는" 저들에게 기록한 것 같다(5:13). 이 믿는 자들은 세 계층들로 구분된 것 같다(2:13); 기독교 생활에 성숙한 "아버지들"; 그리스도인들이 된지는 별로 길지 않지만, 신앙이 잘 자라고 있는 사람들; 최근에 구원 받은, 믿음 안에서의 어린 아이들(파이디아〈Paidia〉), 이 모든 자녀들을 부를 때에, 다른 단어(테크나〈tekenia〉)를 사용했다는 것을 관찰하라.

3. 기록 연대

아마도 주후 90년경.

4. 본서의 기록 목적

요한복음 - "생명을 얻게" (요 20:31).

요한일서 - "너희에게 영생이 있음을 알게 하려" (요일 5:13). "우리의 기쁨이 충만케 함이로다" (요일 1:4). "너희로 죄를 범치 않게 하려함이라" (요일 2:1). 따라서 서신은, 그리스도를 믿는 자들에게 확신을 주기 위해서, 그리고 우리가 어떻게 주님과 밀접한 교제를 가짐으로써, 우리가 "죄를 짓지 않는", 그리고 우리의 기쁨이 "충만하게 하기 위해" 기록했다.

5. 주제

하나님의 가족.

6. 본서의 요절(5:12)

열쇠가 되는 단어들: "알라" (know)- 35회;(그리스어 성경 원문에는 두 개의 낱말로 돼 있다: 요 17:3을 참고하라, 또한 요일 2:3; 4:13; 3:5; 5:13,20); "세상" (World)- 23회; 거의 매번 나쁜 뜻으로 쓰였다; 우리들의 원수로서(2:15-17). "사랑" - 21회; "빛 - 6회.

만일 우리가 참으로 하나님을 알고, 그분과 사귀면서 걷는다면, 우리는 빛 가운데서 걷게 될 것이고, 사랑 가운데서 걷게 될 것이다. 우리는 세상을 사랑하지 않을 것이다.

7. 편지의 특징

(1) 단순한 말투이지만 깊은 진리들.

(2) 날카로운 대조들(이를테면, 2:4-5; 5:19; 1:5; 3:14; 4:20; 2:15; 2:22).

(3) 성육신의 강조 - 그리스도의 인간되심. 복음은 또한 그분의 신격을 강조한다.

(4) 구약성경의 인용이 전혀 없다.

(5) 익숙한 진리들이 되풀이 되고, 재강조됐다.

요한일서의 개론

서론(1:1-4)

1. 하나님은 빛이시다(1:5 ~ 2:29)

(1) 빛 가운데서 걷다(1:5-10).

(2) 우리의 대언자(代言者, Advocate)이신 그리스도(2:1-11).

(3) 하나님의 가족(2:12-17).

(4) 그리스도와 반(反) 그리스도(2:18-29).

2. 하나님은 사랑이시다(3:1 ~ 4:21)

(1) 주님의 오심을 준비하다(3:1-3).

(2) 두 가족들(3:4-12).

(3) 사랑의 생활(3:13-24).

(4) 진리의 영과 과오의 영(4:1-10).

(5) 사랑 안에 머물러 있는 것(4:11-21).

3. 하나님은 생명이시다(5:1-21)

(1) 아드님 안에 있는 생명(5:1-12).

(2) 그분께 대한 신뢰(5:13-21).

요한이서

서 론

1. 저자

저자는 자기 자신의 서명을 "장로"라고 한다. 저자에 관해 초대교회의 약간의 이견이 있었지만, 요한이라고 생각하고 있었다. 서신에는, 요한을 지명하는 강력한 내적 증거가 있었다. 요한이서의 7절 내지 8절이 요한일서의 구절들과 동일하던가, 아주 비슷하다.

2. 수신자들

"택하심을 입은 부녀와 그의 자녀들" 세 가지 이론들이 제기됐다:

(1) 어떤 지역 교회와 그 교인들.

(2) 교회 전체와 그 교인들(13절을 보라).

(3) 가장 자연스러운 설명은: 한 개인적인 그리스도인 부인. 그러나 두 개의 낱말("선택된" - electra; 와 "숙녀" - 시리아〈cyria〉)이 그녀의 이름 대신에 쓰였다. 흠정역을 추천할만하다. 다른 서신들과 마찬가지로, 진리는 모든 그리스도인들을 대상으로 한 것이다.

3. 기록 연대

아마도 주후 90년경.

4. 본서의 기록 목적

(1) 이 연인에게, 그녀의 자녀들에 대한 좋은 보고를 전하기 위해(4).

(2) 거짓된 교사들과 타협하는 문제에 대해서 경고하고 가르치기 위해. 그녀는 어떻게 속임을 피할른지(9),와 기만 자들을 어떻게 다룰지의 가르침을 받았다(10,11).

5. 주제

기만 자들을 받아드리지 말도록 경고.

6. 본서의 요절(9,10)

열쇠가 되는 단어: 믿음 - 5회.

요한이서의 개론

1. 진리 안에서 걷다(1-4)
2. 서로 사랑하라(5-6)
3. 기만 자들을 받아드리지 말라(7-11)
4. 사귐의 기쁨 가운데 끝내다(12-13)

요한삼서

서 론

1. 저자

요한이서에서와 마찬가지로 "장로", 편지들이 매우 비슷한데, 분명히 같은 필자가 기록한 것 같다. 이 편지가 사도 요한이 쓴 것이 아니라고 믿을 이유가 전혀 없다.

2. 수신자들

"가이오(Gaius), 곧 나의 참으로 사랑하는 자", 요한의 전도를 통해 회심한 충성된 그리스도인, 우리는 그에 관해서, 또는 그가 어디에 살았는지에 대해 아무것도 알지 못한다.

3. 기록 연대

주후 90년경

4. 본서의 기록 목적

사도는 어떤 충성된 종들을, 이 교회를 섬기게 하려고 보냈었다. 교회의 지도자인 디오드레베(Diotrephes)는, 이 충성된 목사들을 받아드려, 그들과 교제를 가질 것을 거부했다. 이뿐만이 아니라, 이 형제들과 교제를 갖는 자들을, 교회에서 내어쫓겠다고 위협했다. 요한이서와 요한삼서의 대조에 주목하라: 요한이서는, 거짓된 교사들과, "그리스도의 교리"(the doctrine of Christ)를 부정하는 자들과 교제를 가지는 것에 대해 경고했으며, 요한삼서는, 참 신도들과 그리스도의 증인들과의 교제를 부정하는 자들에 대해 경고했다.

대조해 보라:

(1) 요한일서 - "저희가 우리에게서 나갔으나"(2:19).

(2) 요한이서 - 이들은 들어오기 위해서 나갔다(10).

(3) 요한삼서 - 이들은, 마땅히 안에 있어야 할 자들을 쫓아내기를 바랐

다(10).

가이오에 대한 칭찬의 말 한 마디와, 그의 건강의 증진을 위한 기도가 들어 있다.

(1) 요한은 구원의 확신의 문제를 다룬다.

(2) 요한은 우리에게, 진리 안에서 걸어갈 것과, 성경의 가르침들을 부인하는 자들과 사귀지 말 것을 권고한다.

(3) 요한은, 복음을 믿는 모든 자들과 사귈 것을 가르친다.

5. 주제

참 믿는 자들을 받아드리라는 훈계.

6. 본서의 요절(8)

열쇠가 되는 단어: "진리" (참된) - 7회.

요한삼서의 개론

본서는, 세 사람을 중심으로 해서 돌아가는데: 가이오(Gaius), 디오드레베(Diotrephes), 데메드리오(Demetrius)이다.

1. 가이오(1-8)

진리 안에서 걷는 것(1-4). 진리를 지키는데 있어서 돕는 자(5-8).

2. 디오드레베(9-11)

"진리에 대한 좋은 소식을 가진 자."

3. 맺는 인사(13-14)

유다서

서 론

1. 저자

유다(Jude)(문자적으로는 유다스〈Judas〉)인데, 그는 자기 자신을 "예수 그리스도의 종이며, 야고보의 형제"라고 말했다(1절). 그는 육신대로 하면, 우리 주님의 또 다른 형제였다(마 13:55; 갈 1:19를 보라). 그이도, 야고보도, 주 예수님과의 땅 위에서의 관계에 대해서는 언급조차 하지 않고, 다만 그들 자신을 "예수 그리스도의 몸종들"(bond servant of Jesus Christ)이라고 말한 것을 관찰하는 것은 주목 할만하다. 유다는 또한 자기가, 야고보의 형제라는 것도 언급하고 있다. 분명히 야고보는(아직도 그가 살아 있었는지 여부는 알 수 없지만) 유다보다 훨씬 잘 알려져 있었던 것 같다. 유다 또는 "유다스"를, 같은 이름을 가진 사도(요 14:22)와 구별하라, 그리고 물론 가룟 유다(Judas Iscariot)와는 구별해야 된다. 이 이름은 유대인들의 흔한 이름(희랍 형태로 된 히브리어 유다〈Judah〉)이다. 유다는 사도가 아니었다(17,18).

성경의 이 마지막 책들의 몇 가지 경우와 마찬가지로, 초대교회의 몇몇 책들을 정경(正經, the canon)의 자리에 두어야할지 의심스러웠다. 그러나 유다서는, 엄청난 다수의 그리스도인들에게 직각적으로 받아드려졌을 뿐 아니라, 단시일 내에 성경에서의 그 위치가 모든 사람에게 받아드려졌다.

2. 수신자들

"부르심을 입고……" "사랑을 얻고……" "지키심을 입은……" 신도들 전반에게 보낸 것(1절). 어떤 사람들은 생각하기를, 야고보가 언급됐으니만큼, 아마도 야고보가 처음 기록한 같은 대상: 곧 "흩어져 사는 열두 족속들"일 수도 있을 것이라는 것이다.

3. 기록 연대

베드로후서 이후에(그가 본서의 17-18을 인용했기 때문에) 기록된 것이 분명하다. 만일 베드로후서가 주후 66년에 기록됐다면, 유다서는 그 후 언젠가 기록된 것인데, 아마도 주후 70-80년경일 것이다.

4. 본서의 기록 목적

유다는 우리에게 솔직히 처음에는, "일반적으로 얻은 구원" (the common salvation)에 관한 편지를 쓰려고 의도했다. 그러나 성령님께서 그로 하여금, 전혀 다른 제목을 다루게 하셨다. 왜? "가만히 들어온 몇 사람" 거짓 교사들이 퍼뜨리는 큰 위험 때문이다(윌리암스〈Williams〉)(4절). 엄숙한 경고는 크다. 이 거짓 교사들이 분명히 기록된 것은, 참 그리스도인이 그들을 조심하도록 하기 위해서이다. 동시에, 진정으로 믿는 자들이 위로와 격려를 받게 하기 위해서이다(20-25).

5. 주제

믿음을 위해 싸우는 일

6. 본서의 요절(3절)

열쇠가 되는 단어: "경건치 않은" (Ungodly)- 6회.

7. 특주(特註)

베드로후서에 대한 유다서의 관계. 이 거짓 교사들에 대한 유다서의 가르침은, 베드로후서의 그것들과 아주 비슷하며, 구약성경의 예화들이 베드로후서 2장 3절-3장 4절에 인용된 것과 아주 비슷하다. 유다서 17,18절의 진술에 따르면, 유다서는 베드로후서 이후에 기록됐으며, 기자는 베드로의 서신에 익숙했던 것 같다. 약간의 차이점들을 주목하라:

(1) 베드로는, 이 거짓 교사들이 올 것이라고 말했는데, 유다는, 그들이 이미 와서 잠입했는데, 그들은 "과거에 이미 기록됐었다" 고 했다.

(2) 유다서에 보면, 이 거짓 교사들의 그림이, 베드로후서에서 주어진 것보다 더 어둡다.

유다서의 개론

1. 인사(1,2)

2. 기록의 이유(3,4)

3. 지난날 하나님께서 죄를 증오하심으로써 보여주시고, 불신앙을 징벌하셨던 실례들(5-11)

(1) 광야에서의 이스라엘의 보기(Example of Israel in the wilderness)(5).

(2) 타락한 천사들(The angels who fell)(6).

(3) 소돔(Sodom)과 고모라(Gomorrah)(7).

(4) 불법(Lawlessness)(8-10).

(5) 가인(Cain)(11 상절).

(6) 발람(Balaam)(11 중절).

(7) 고레(Core - 고라〈korah〉)(11 하절).

4. 거짓 교사들의 특징과 그들의 운명이 묘사됨(12-19)

5. 믿는 자들에 대한 격려와 위로(20-25)

요한 계시록

서 론

1. 저자

네 번이나 요한이 저자라고 말하고 있다(1:1, 4:, 28:8). 초대 교부들은, 본서가 사도 요한의 저작이라고 여기고 있다. 어떤 후기 기자들은 이것을 부인하지만, 책에 대한 그들의 반대는, 주로 그 교리 때문이었다. 유일의 잘 알려진 요한은 사도였다; 따라서 만일 같은 이름을 가진 딴 기자가 이 책을 기록했다면, 만일 그가 정직한 사람이었을진대, 그 자신 유명해졌을 것이다.

내적인 증거는 강력하다. 어떤 단어들과 구절들이, 그것을 복음서와 편지서들과 연결 짓는다; 말씀(the Word)(요 1:1-14; 요일 1:1; 계 19:13); 하나님의 어린 양(Lamb of God)(요 1:29,36; 이 단어는 계시록에서 29회 사용됐다); 거하다(dwell) - 장막(tabernacle)(요 1:14; 같은 그리스어 단어가 다만 여기에서 그리고 계시록에서 네 번, 곧 슥 12:10과 요 19:37과 계 1:7에 인용됐다). 스위트(Swete)는 말하기를, 계시록에서 사용한 913단어 가운데, 416단어가 요한복음에 나타난다는 것이다.

저자는 또한, 소아시아 교회들에 대한 자세한 지식을 가지고 있다. 전설이 강력히 주장하는바에 따르면, 요한은 그의 노년을 에베소에서 보내면서, 주변에 있는 교회들과도 함께 사역했다고 한다.

2. 수신자들

아시아의 일곱 교회(1:4,11; 2:1 등 22:16). 또한 그리스도의 모든 종들(1:1; 22:6), 그리고 구원을 받았든지 안 받았든지 간에, 이 책을 읽고 주의를 기울이는 누구든지 간에게 기록한 것이다(1:3; 3:20; 22:7,17-19).

3. 기록 연대

아마도 주후 96년경.

4. 기록 장소

밧모 섬(Isle of Patmos)(1:9, 6:9과 20:4을 참조). 요한은 그의 전도의 형벌로 그곳에 유배됐다. 거칠고 각박한 섬인데, 지금은 그리스와 터키 사이에 있는 "에게 해"(Aegean Sea)에 있는, 길이 8마일에 폭 1마일의 섬이다.

5. 본서의 기록 목적

(1) 예수 그리스도께 대한 마지막 진리를 전달 - 밝히기 위해. 이 책은 예수 그리스도의 아직 계시되지 않았던 위격(the person), 능력(power) 및 목적(purpose)을 포함하고 있는데, 계시(啓示)란 뚜껑을 연다는 뜻이다.

(2) 믿는다는 말을 하는 교회에 대한 교훈, 격려 및 책망을 하기 위한 것이다. 이것은 특히 2장과 3장에 해당하지만, 또한 책 전체(22:16을 보라)에 해당한다.

6. 주제

예수 그리스도의 계시(1:1).

7. 본서의 요절(1:19)(3중적인 개요가 포함돼 있다)

열쇠가 되는 단어들: "내가 보았노라"(I saw)(내가 처다 보았다〈I beheld〉,〈내가 쳐다 보았다, I looked〉)- 49회; "일곱"(Seven)(과 제 7〈severth〉)- 59회, (본서의 7중 구조〈seven-fold structure〉을 주목하라). "천사"(Angel)- 70회; "어린 양"- 29회.

8. 학파들의 해석들

(1) 과거파의 견해(Preterist View); (라틴어로) 말씀(Word)은 "지나갔다"(to pass by)는 것을 뜻한다. 요한은, 이미 지나간 사건들을 책에 기록했다는 것이다. 역사는, 예루살렘의 함락과, 네로의 통치를 상징적인 형태로 제시했다(스튜어트〈Stuart〉 등이 주장).

(2) 역사파의 해석(Historical interpretation); 계시록은, 요한의 시대부터 세상의 끝 날까지의 교회 역사를 자세히 예언한 것이다. 인장들(印章, seals), 나팔들(trumpets - vials)은 연대기적인 순서를 따르면서, 모든 교회사를 묘사한다(반즈〈Barnes〉 등에 의해 주장되고 있다).

(3) 장래파에 의한 견해(Futurist view); 계시록은, 재림 직전과 당시에 성취될, 장래의 사건들을 말한다. 모든 전천년주의자들(premillennialists)는, 약간의 이견(異見)을 품은 자들을 포함해서 이 견해를 주장한다.

(4) 영적인 견해(Spiritual view); 보다 더 최근의 해석. 개인적인 견해를 따라 해석하려는 조그마한 시도. 본서는, 잘잘못을 따지는 오래된 싸움의 상징일 뿐이다(A.T. 로버트슨〈A.T.Robertson〉); 그리고 일반적으로 무천년주의자들(amillennialists).

9. 본서의 특징

(1) 기록방식이 몹시 회화적.

(2) 사건들이 엄격하게 연대순으로 묘사되지 않았다.

(3) 구약성경으로부터의 많은 인용.

(4) 놀라우리만큼 7자를 많이 사용.

요한계시록의 개론

1. 영광스러운 그리스도의 환상(1장)

2. 일곱 교회들에 대한 편지들(2장 ~ 3장)

(1) 해석의 원리들.

① 각 편지는, 그 때 존재했던 각 교회에 직접 적용됐다.

② 편지들은, 비슷한 상태가 벌어지는 곳이라면, 어느 교회들에게

도 해당된다.

③ 또한 개인들에게도 적용된다.

④ 예언적인 해석: 각 편지는, 요한의 시대부터 그리스도의 재림까지의 교회 역사를 나타낸다.

(2) 편지들의 특징.

① 연설. ② 기록자의 모습. ③ 선행들에 대한 칭찬. ④ 불평. ⑤ 격려. ⑥ 위협. ⑦ 약속.

이상의 것들 가운데서 그 어느 하나가 생략됐는지 여부를 조심스럽게 주시하라.

3. 하늘의 광경들(4장 ~ 5장)

(1) 하나님께 대한 경배(4장).

(2) 어린 양께 대한 경배(5장).

4. 일곱 봉인(封印, the Seven Seals)(6장 ~ 7장)

5. 일곱 나팔들(8장 ~ 11장)

6. 마지막 날(the Last Day)의 중요한 사람들(12장 ~ 14장)

7. 일곱 개의 잔(殘)들(15장 ~ 16장)

8. 바벨론의 멸망(17장 ~ 18장)

9. 바벨론의 멸망으로부터, 결과적인 상태(19장 ~ 22장)

부 록

알미니안주의와 칼빈주의의 대조

Arminianism
Calvinism

데이비드 스틸 지음
David Steele

머리말

알미니안주의적 교회와 칼빈주의적 교회가 서로 강단을 교류하지 않는 것이 보통인데, 그것은 양쪽 어느 쪽의 교리적, 신학적 교만 때문이 아니라, 도저히 대화할 수 없는 교리적, 신학적 차이 때문이다. 본문에 들어가 깨닫게 되겠지만, 피차의 신학적 차이는 너무나 현격하다. 부디 본문을 통해 두 주의의 차이를 깊이 연구하기 바란다.

2007년 6월
역자 윤두혁 목사

알미니안주의의 다섯 가지 핵심을, 칼빈주의의 다섯 가지 핵심과 대조한다(The Five Points of Arminianism Contrasted with the Five Points of Calvinism).

알미니안주의의 "다섯 가지 핵심"

1. 자유의지 또는 인간의 능력
Free will or Human Ability

비록 인간의 본질이 타락으로 말미암아 심각한 영향을 받았을지라도, 인간은 전적인 영적무능(total spiritual help lessness)의 상태로 버려지지 않았다. 하나님께서는 은혜로우시게도 각 죄인을 회개하고 믿도록(repent and believe) 하시되, 인간의 자유에 개입하지 않으시는 그런 방법으로 그렇게 하신다. 죄인 각자는 자유의지(a free well)를 가졌으며, 그의 영원한 운명은 어떻게 그가 그것을 사용하느냐에 달려 있다. 인간의 자유는, 영적인 문제들에 있어서, 악에 대해 선을 택할 수 있는 그의 능력에 달려 있다.

그의 의지는, 그의 죄악된 본질에 얽매어 있지 않다(is not enslaved). 죄인은 하나님의 영에 협력해 중생하던가, 하나님의 은혜에 반항함으로써 멸망할 수 있는 능력을 가졌다. 잃어진 죄인은 성령의 도움이 필요하다. 그러나 그가 올 수 있기 전에, 성령으로 말미암아 중생할 필요는 없다. 왜냐하면 신앙은 인간의 행동이고, 중생보다 앞서기 때문이다. 믿음은 죄인이 하나님께 드리는 선물(the sinner' s gift to God)이다; 그것은 구원에 대한 인간의 공헌이다.

2. 조건부적인 선택

conditional Election

하나님께서 세계를 시작하시기 전에, 어떤 개인들을 선택하신 것은, 그들이 자기의 부르심(His call)에 응하리라는 것을, 그분께서 미리 아셨기(叡智) 때문이라는 것이다. 그분께서는, 그들이 그분의 부르심에 응할 것이라는 것을 미리 아셨던 것이다. 그분께서는 그들 스스로 자유롭게 복음을 믿을 자들을 아시고, 그들만을 선택하셨다. 그러므로 선택은 인간이 어떻게 할 것인가에 따라 결정되든가, 또는 조건이 형성돼야 한다.

하나님께서 예지하시고, 그분께서 그분의 선택의 기준을 삼으신 믿음은, 하나님께서 죄인에게 주신 것이 아니고(그것은 성령의 중생케 하는 능력〈the regerating power of the Holy Spirit〉으로 창조된 것이 아니다), 전적으로 인간의 의지의 결과로 와지는 것이다. (따라서 - 역자 부연) 누가 믿을 것인지, 그러므로 누가 구원으로 선택될는지의 문제는 전적으로 인간에게 달려 있다. 하나님께서는 그들 자신의 자유의지에 의해서 그리스도를 선택할 자들을 택하셨다. 이렇듯 죄인이 그리스도를 선택하는 것이지, 하나님께서 죄인을 선택하는 것이 아니라는 것이, 구원의 궁극적인 방향이라는 것이다.

3. 우주적인 구원, 또는 보편적 속죄

Universal Redemption, or General Atonement

그리스도의 구속의 성업(聖業, redeeming work)은 각 사람의 구원을 가능케 했지만, 실질적으로는 그 누구의 구원도 확보하지 못했다. 비록 그리스도께서 모든 인간과 각 인간을 위해 죽으셨을 지라도, 다만 그분을 믿는 자들만이 구원 받는다. 그분의 죽으심은, 믿는다는 조건 아래 죄인들에 대한 하나님의 용서하심을 가능케 했다. 그러나 그것은 실질적으로는 그 누구의 죄들도 없애지 못한다 그리스도의 구속은 다만 인간이 그것을 받아드리기로 선택할 때에만, 효과를 발휘한다.

4. 성령님은 실질적으로 반항을 당하실 수 있다
The Holy Spirit Can Be Effectually Resisted

성령님께서는, 복음의 초청에 의해서 외부적으로 부름 받은 자들을, 내부적으로 부르신다. 그분께서는, 죄인 각자를 구원 받도록 부르시기 위해, 당신께서 하실 수 있는 모든 일을 하신다. 그러나 인간은 자유의지가 있기 때문에, 그는 성령님의 부르심을 성공적으로 반항할 수 있다. 성령님께서는, 죄인이 믿기까지 그를 거듭나게 하실 수 없으시다; 믿음(이것은 인간의 공헌이다)이 선행해서 새로운 삶을 가능케 해야 한다. 이렇듯 인간의 자유의지가, 그리스도의 구원의 성업을 적용하는데 있어 제한을 가할 것이다. 성령님께서는, 그분께서 그들을 인도하시도록 허용하는 자들만을, 그리스도께로 이끄실 수 있다. 그러므로 하나님의 은혜는 정복할 수 없는 것이 아니라, 정복이 가능할 뿐 아니라, 인간에 의해 종종 항거(抗拒)를 당하며 방해를 받는다.

5. 은혜로부터 추락
Falling from Grace

믿고 참으로 구원 받은 그들이, 신앙 등을 보존하는데 실패함으로써, 그들의 구원을 상실할 수 있다. 모든 알미니안주의자들은, 이점에 있어서는 동의하지 않아 왔다; 어떤 알미니안주의자들은, 믿는 자들은 그리스도 안에서 영원히 안전하다고 주장해 왔으며- 죄인이 일단 중생하면, 그는 결코 상실될 수 없다고 했다.

알미니안주의에 따르면: 구원은, 하나님(주도권을 잡으시는)과 인간(반응을 보여야 하는)의 결합된 노력들로 성취 된다- 인간의 반응이 결정적인 요인이다. 하나님께서는 각자에게 구원을 제공하셨지만, 그의 제공을 다만 그들의 자유의지로 그분에게 협력하기로 작정하고, 그분의 은혜의 제공을 받아드리기로 결심한 자들에게만 유효하다. 위기의 핵심 점은, 인간의 의지가 결정적 역할을 한다(man' s will plays a decisive role)는 것이다; 이렇듯 누가 구원의 선물을 받을 것인가를, 하나님이 아니시라 인간이 결정하게 된다.

도르트 총회에서 배척되다(Rejected by Synod of Dort). 이것은 "항론"(抗論, the Remonstrance)에 포함된 사상 체계였다. 비록 "다섯 가지 핵심"(the five points)은 원래는 다섯 가지 핵심으로나, 이런 식으로 짜여 지지도 않았었다. 그것은 알미니안주의자들에 의해 1610년에 채택되기를 요청하면서, 화란 교회(the Church of Holland)에 제출했었지만, 1619년에 그것이 비성경적이라는 이유 때문에 도르트 총회에 의해서 배척됐다.

칼빈주의의 "다섯 가지 핵심"

1. 전적인 무능, 또는 전적인 타락
Total Inability, Total Depravity

타락으로 말미암아 인간은, 스스로의 능력으로서는 복음을 믿어 구원 받을 수 없다(savingly believe the gospel). 죄인은 하나님의 일들에 대해 죽었고, 눈이 멀었고 귀가 먹었다(dead, blind, and deaf to the things of God); 그의 마음은 거짓되고 절망적으로 썩었다. 그의 의지는 자유롭지 못하며, 그 자신의 악한 본성에게 얽매어 있다. 그러므로 그는 영적인 영역에서 사실상 그는 악을 이기고 선을 택하지 않을 것이며 - 택할 수가 없다. 결국, 죄인을 그리스도께로 데려오려면, 성령님의 도우심보다 훨씬 더 많은 도우심이 필요한데 - 곧 중생(거듭남,〈regeneration〉)을 거쳐야 하는데 성령님께서 죄인을 살리시고, 그에게 새로운 본성을 주시는 일을 하셔야만 된다(얼핏 보면, 성령님의 능력에 한계가 있는 듯이 여겨지지만, 그것은 성부 하나님께서 하시는 일을 위해서 그렇게 하실 뿐이다 - 역자 주). 믿음은 인간이 구원에 공헌하는 그 무엇이 아니라, 그 자체가 하나님의 구원의 선물의 한 부분이다- 그것은 죄인에 대한 하나님의 선물이지 죄인이 하나님께 드리는 선물이 아니다.

2. 무조건적인 선택
Unconditional Election

하나님께서 세계의 기초를 놓으시기 전에 어떤 개인들을 구원 받도록 선택하신 것은, 오직 그분의 주권적의지(solely in His sovereign will)에 달려 있는 것이다. 특정한 죄인들을 그분께서 선택하시는 것은, 그들에게서 미리 볼 수 있는 반 - 이를테면 믿음, 회개 등 때문이 아니다. 정반대로, 그분께서 선택하신 각 개인에게 믿음과 회개를 주신다. 이런 것들은 하나님의 선택의 결과이지 원인이 아니다(the result, not the cause of God' s choice). 그러므로 선택은, 인간에게 있는 어떤 유덕한 성격 또는 행동 때문에 결정되거나, 조건이 마련되는 것이 아니다. 하나님께서 주권적으로 선택하신 자들을, 그분께서 성령님의 능력을 통해, 그리스도께서 적극적으로 받아드리시게 하신다. 이렇듯 하나님께서 죄인을 선택하시는 것이지, 죄인이 그리스도를 선택하는 것이 아니라는 것이, 구원의 궁극적인 방향이다.

3. 특수한 구속 또는 제한속죄
Particular Redemption, Limited Atonement

그리스도의 구속의 성업(聖業, work)은 사실상 예정된 자들만 구원받고, 실질적으로 그들의 구원은 확보됐다. 그의 죽으심은, 어떤 특정한 죄인들의 자리를 대신해서 죄의 형벌을 당하신, 대속적인 것(a substitutionary)이었다. 그리스도의 구속은, 그분의 백성의 죄를 제거할 뿐 아니라, 그리스도의 구속은 그들의 구원에 필요한 온갖 것을 확보하셨는데, 그들을 그분께 연결시키는 믿음을 포함한다. 믿음의 선물은, 성령님에 의해서 모든 사람(구원 받을 사람 - 역자 주)에게 어김없이 적용되는데, 이들을 위해서 그리스도께서 돌아가셨으며, 이로써 그들의 구원을 보장하셨다.

4. 성령님의 유효(有效)한 부르심, 또는 불가항력적(不可抗力的) 부르심

The Efficacious call, Irrestible Grace

성령님께서는, 복음을 듣는 각자에게 일반적으로 주시는 외부적 일반적 부르심(the outward general call)에 덧붙여, 특별히 피택자들을 내부적으로 부르시사(a special inward call), 불가항력적으로(in evitably) 그들을 구원하신다. 외부적인 부르심(모든 사람에게 차별 없이 주어지는)은 거부를 당할 수 있고, 또한 종종 거부를 당한다; 그렇지만 내부적인 부르심(the internal call)(오직 피택자들에게만 주어지는)은 배척될 수 없다; 그것은 언제나 회심이라는 결과를 가져온다(results in conversion). 이 특별한 부르심을 통해, 성령님께서는 불가항력적으로 죄인들을, 그리스도께로 인도하신다. 성령님께서는, 자기가 하시는 일, 곧 구원을(개개 피택자에게 - 역자 부연) 적용하실 때에 성공 여부를 인간의 의지나, 인간의 협력에 의존하지 않으신다. 성령님께서는 은혜로우시게도 선택된 죄인으로 하여금 협조하게 하시고(to cooperate), 믿게 하시고(to believe), 회개케 하시고(to repent), 그리스도께 자유롭게(freely), 그리고 의욕을 가지고(willingly) 오게 하신다. 그러므로 하나님의 은혜는 난공불락(難攻不落, invincible)이시다; 구원을 주시려고 작정하신 자들에 대한 구원은, 결코 안 오는 법이 없다.

5. 성도들의 견인(堅忍)

Perseverance of the Saints

하나님에 의해 선택되고(chosen by God), 그리스도로 말미암아 구속되고(redeemed by Christ), 성령님으로 말미암아 영원히 구원 받은 자(eternally saved by the Spirit)는 모조리 구원 받는다. 그들은 전능하신 하나님의 능력으로 믿음의 보존을 받고 있으므로, 끝까지 견인할 것이다.

칼빈주의에 따르면; 구원은 삼위 하나님(the Triune God)의 전능하신 능력으로 말미암아 성취된다. 성부께서는 한 백성(a people = 구원 받기로 작정된 백성 - 역자 주)을 선택하셨고, 성자께서는 그들을 위해 돌아가셨고, 성령께서는 그리스도의 돌아가심을, 피택자들을 믿음과 회개를 위해 유효케 하시며, 이로써 그들이 기꺼이 복음에 순종케 하신다. 전체적인 과정들(선택, 구속, 중생)은 하나님께서 하시는 일(the work of God)인데, 오직 은혜로 말미암아 되는 것이다(by grace alone). 이렇듯 인간이 결정하는 것이 아니라, 하나님께서 결정하시는 것이며, 인간은 구원의 선물을 받아드리는 자들일 뿐이다.

도르트 총회에서 재(再)긍정되다; 이 신학 체계는, 성경에 내장(內藏, contained)돼 있는 구원의 교리로서, 1619년에 도르트 총회에서 재긍정됐다. 그 당시 이 체계는, "다섯 가지 핵심" (five Points) - 알미니안주의자들이 제출한 다섯 가지 핵심에 견주어서 형성된 이후, 줄곧 "칼빈주의 다섯 가지 핵심" 으로 알려져 오고 있다.

청교도 신앙사는 하나님의 말씀을 사랑하고 그 말씀에 기초하여 하나님을 섬기고 생활하였던 역사 속의 청교도들의 개혁신앙을 본받고자 하는 하나님의 사람들을 위해 성경적 순전한 복음의 능력을 문서로 증거하여 하나님께 영광을 돌리기 위해 출범하였습니다. 하나님이 허락하시는 한, 어떤 조건에서도 그 노선과 기준에 합당한 책만을 출간하는 거룩한 모험을 본사의 긍지로 삼을 것입니다.

성경

66 권 해 설 서

지은이 G. 콜만 럭
옮긴이 윤두혁

처음 펴낸날 2007년 9월 10일

펴낸이 전수빈
엮은이 배재철
펴낸곳 청교도신앙사 **등록** 제8-70호(1989.4.2)
122-030 서울시 은평구 녹번동 98-3
전화 02-306-8776
이메일 puritanbook@hanmail.net

편집미술 양무리디자인 02-2267-0396

총판 솔로몬
전화 02-599-1482
팩스 02-592-2104

ISBN 978-89-87472-20-1
Printed in Korea